职工法律知识
看图一点通

维权帮 著

中国法制出版社
CHINA LEGAL PUBLISHING HOUSE

致亲爱的读者

人的一生，不可避免地会遇到很多法律问题。衣食住行、婚姻继承、劳动就业……各个领域都蕴含着无尽的法律问题。但现实生活中，不少公民却法律意识淡薄，对一些关系自身利益的法律知识一无所知或者一知半解。不懂法的结果就是：吃亏了都不知道怎么回事，被告上法庭还不知道自己错在哪儿，受了窝囊气却不知道如何维护权益，让公司辞退了也不知道怎样据理力争……

学习法律，是一件利人利己的事。随着2020年我国《民法典》的出台，全国上下掀起了学习法律的高潮，让法律服务生活、让法律规范秩序、让法律服务你我成为大众看待法律的新视角。越来越多的人愿意关注法律、依法办事和维权。

在此，为了帮助读者知法、懂法，进而更好地守法、用法，依法办事和维权，我们编写了“看图一点通”系列，本系列丛书的主要特色如下：

一、兼具全面性与时代性

丛书以读者的生活、工作、学习为出发点，设置了若干分册，基本覆盖了各领域的法律知识点，具有相当的全面性；并且，丛书围绕如《民法典》《土地管理法》等新颁布或修正的法律，结合当前社会生活实际，提出了大量“热点问题”，具有很强的现实意义，相信一定能给读者以代入感，从而激发读者学法的积极性。

二、大众能够看得懂

百姓不懂法，很大程度上是由于法律条文和法律图书枯燥难懂。本丛书尽力避免法律图书严谨有余、通俗不足的通病，将原本枯燥难懂的法律知识用短小、简单的案例表现出来。案情介绍简洁流畅，法律讲堂切中要害，对法律知识的解说深入浅出，避免使用艰深的法律术语，行文通俗，贴近百姓生活。同时，本丛书配有一些辅助理解的场景插画，让读者朋友们轻轻松松看懂法律。

三、读者一定能用得上

丛书的每一个分册都涵盖了该领域相关的重要、常用法律知识，选取的多是典型的真实案例。而法律讲堂部分给出的结论一般是法院通行的判决结果，并有对应的法律条文依据。读者从中可以查询更多、收获更多。

四、方便阅读与检索

遇到法律问题时，读者朋友可以直接通过查询本书目录，找到相关问题，查看相关案例和点评，找到法律依据，还可以随用随查一部分文书范本。本丛书就像是读者朋友的“私人法律顾问”，遇到法律问题照方抓药即可。

五、纠纷能得到顺利合理解决

所选问题常见多发，所选案例典型常见，法律讲堂切中要点，法律依据来源准确，文书范本随用随查，还有“私人法律顾问”般的善意提醒和诉讼指导。有了这一切，相信您的麻烦和纠纷一定能得到顺利合理解决，您的烦恼也会一去不复返！

目录

第1章 安全生产

第2章 劳动合同

第3章 薪资待遇

第4章 诚信纳税

第7章 女职工、未成年工与返聘工

第8章 工伤认定与职业病防治

第9章 劳动争议处理

第 1 章 安全生产

1. 劳动者是否有权了解工作环境中的危险因素？

案例背景

2019 年 5 月，张先生进入某玻璃厂制造车间工作。开始工作后，张先生发现制造车间存在很多危险因素，而入职培训只培训了设备的基本操作方法，并没有提及这些危险因素以及相关的防范、应急处理措施。于是，张先生向车间领导反映，要求玻璃厂告知自己工作环境中的危险因素及防范措施，领导认为张先生是没事找事，拒绝了张先生的要求。

学法有疑

劳动者是否有权了解工作环境中的危险因素？

法律讲堂

工作环境中可能存在各种危险因素，劳动者只有提前了解并做好防范措施，才能避免安全事故的发生。我国《安全生产法》第五十条规定："生产经营单位的从业人员有权了解其作业场所和工作岗位存在的危险因素、防范措施及事故应急措施，有权对本单位的安全生产工作提出建议。"因此，劳动者有权了解工作环境和工作岗位中的危险因素，以及用人单位的防范措施和应急处理措施。

具体到上述案例中，张先生作为新入职的员工，想要玻璃厂向自己告知工作环境中的危险因素、用人单位的防范措施和应急处理措施的要求是合法的，玻璃厂理应向张先生如实说明，以便张先生能够在工作中做好防范措施。

法律条文

《中华人民共和国安全生产法》

第五十条 生产经营单位的从业人员有权了解其作业场所和工作岗位存在的危险因素、防范措施及事故应急措施，有权对本单位的安全生产工作提出建议。

工作中，劳动者不仅需要知道自己的工作内容，还需要了解工作环境和工作岗位中存在的危险因素、防范措施以及事故应急措施，在工作中做好防范，避免出现安全事故。

2. 用人单位可以将员工封锁在车间吗？

案例背景

某汽车厂引进了一项新技术。为了保密，汽车厂的实验室新出了一项规定，实验室每天都要封锁，工程师全部进入后实验室门从外部封锁，避免其他无关人员进入，工程师下班出实验室也需要经过检查，避免其私自携带资料。工程师李先生对此非常不解，要是怕其他人进去，实验室从里面锁门就可以了，为什么还要从外部封锁，汽车厂的这种做法是否欠妥？

学法有疑

用人单位是否可以将员工封锁在车间里？

法律讲堂

根据我国《安全生产法》第三十九条第二款的规定："生产经营场所和员工宿舍应当设有符合紧急疏散要求、标志明显、保持畅通的出口。禁止锁闭、封堵生产经营场所或者员工宿舍的出口。"即为了在紧急时刻能够及时疏散员工，法律要求用人单位的生产经营场所和员工宿舍都必须有标志明显、畅通的出口。又根据《安全生产法》第一百零二条的规定，如果用人单位违反了上述规定，可能会被处以罚款，并责令限期改正，情节严重的，还可能会被追究刑事责任。

具体到上述案例中，汽车厂将实验室的大门从外面锁住，不仅限制了工程师的人身自由，而且在安全事故发生时，将不能及时进行疏散，可能会造成重大的人员伤亡，不符合法律关于禁止锁闭、封堵生产经营场所出口的要求。

法律条文

《中华人民共和国安全生产法》

第三十九条第二款 生产经营场所和员工宿舍应当设有符合紧急疏散要求、标志明显、保持畅通的出口。禁止锁闭、封堵生产经营场所或者员工宿舍的出口。

第一百零二条 生产经营单位有下列行为之一的，责令限期改正，可以处五万元以下的罚款，对其直接负责的主管人员和其他直接责任人员可以处一万元以下的罚款；逾期未改正的，责令停产停业整顿；构成犯罪的，依照刑法有关规定追究刑事责任：

……

（二）生产经营场所和员工宿舍未设有符合紧急疏散需要、标志明显、保持畅通的出口，或者锁闭、封堵生产经营场所或者员工宿舍出口的。

为了使劳动者在发生安全事故时能够紧急疏散，用人单位需要保持生产经营场所中的出口畅通。如果用人单位违反要求，锁闭生产经营场所和员工宿舍的出口，劳动者可以请求有关行政机关对用人单位的违法行为进行处理。

3. 劳动防护用品应该由谁来提供?

案例背景

高先生通过招聘进入某塑料厂的制造车间工作。刚开始工作时,塑料厂发给高先生一包口罩和一副防护眼镜,说这是工作中需要的劳动防护用品,并说明这些劳动防护用品统一由塑料厂提供,但费用将从高先生每月的工资中扣除。高先生很疑惑,自己到塑料厂上班,还需要自己出钱购买劳动防护用品吗?

学法有疑

劳动防护用品应该由谁来提供?

法律讲堂

我国《安全生产法》第四十二条规定:“生产经营单位必须为从业人员提供符合国家标准或者行业标准的劳动防护用品,并监督、教育从业人员按照使用规则佩戴、使用。”

第四十四条规定:“生产经营单位应当安排用于配备劳动防护用品、进行安全生产培训的经费。”因此,在我国,用人单位应当为劳动者提供符合国家标准的劳动防护物品,并且由用人单位自行承担相应的经费。如果用人单位没有为从业人员提供符合国家标准或者行业标准的劳动防护用品的,根据《安全生产法》第九十六条的规定,可能受到责令限期改正、停产停业整顿、罚款等处罚,情节严重的,还可能被追究刑事责任。

上述案例中,塑料厂虽然为高先生提供了劳动防护用品,却要求高先生自己承担劳动防护用品的费用,这种做法是错误的。高先生可以先向塑料厂提出异议,不行的话可以向对安全生产有监督管理职责的行政机关反映问题。

法律条文

《中华人民共和国安全生产法》

第四十二条 生产经营单位必须为从业人员提供符合国家标准或者行业标准的劳动防护用品，并监督、教育从业人员按照使用规则佩戴、使用。

第四十四条 生产经营单位应当安排用于配备劳动防护用品、进行安全生产培训的经费。

第九十六条 生产经营单位有下列行为之一的，责令限期改正，可以处五万元以下的罚款；逾期未改正的，处五万元以上二十万元以下的罚款，对其直接负责的主管人员和其他直接责任人员处一万元以上二万元以下的罚款；情节严重的，责令停产停业整顿；构成犯罪的，依照刑法有关规定追究刑事责任：

……

（四）未为从业人员提供符合国家标准或者行业标准的劳动防护用品的；

……

一句话说法

为了安全生产，用人单位需要为劳动者提供劳动防护用品。劳动者需要注意的是，用人单位提供的劳动防护用品是否符合国家标准或者行业标准，是否能在工作中防范风险。如果用人单位提供的劳动防护用品不符合标准，则劳动者可以要求用人单位提供符合标准的劳动防护用品。

4. 工厂能把员工宿舍建在车间附近吗?

案例背景

为了提高生产效率，某化肥厂召开董事会，提议在车间附近盖几间员工宿舍，方便员工上下班。其他董事很赞同这个决定，但是工会代表认为车间附近全是化肥的味道，对员工身体不好，反对工厂把员工宿舍建在车间附近。

学法有疑

工厂能把员工宿舍建在车间附近吗?

法律讲堂

根据我国《安全生产法》第三十九条第一款的规定：“生产、

经营、储存、使用危险物品的车间、商店、仓库不得与员工宿舍在同一座建筑物内，并应当与员工宿舍保持安全距离。”即为了员工的身体健康，员工宿舍应当与生产、经营、储存、使用危险物品的车间、商店、仓库保持安全距离。

在上述案例中，化肥厂周围环境质量比较差，水质和空气容易受到污染，将员工宿舍建在车间附近，影响员工的身体健康，化肥厂应当另选地址建员工宿舍，与车间保持安全距离，否则，可能会受到有关部门的行政处罚。

法律条文

《中华人民共和国安全生产法》

第三十九条第一款 生产、经营、储存、使用危险物品的车间、商店、仓库不得与员工宿舍在同一座建筑物内，并应当与员工宿舍保持安全距离。

第一百零二条 生产经营单位有下列行为之一的，责令限期改正，可以处五万元以下的罚款，对其直接负责的主管人员和其他直接责任人员可以处一万元以下的罚款；逾期未改正的，责令停产停业整顿；构成犯罪的，依照刑法有关规定追究刑事责任：

（一）生产、经营、储存、使用危险物品的车间、商店、仓库与员工宿舍在同一座建筑内，或者与员工宿舍的距离不符合安全要求的；

……

用人单位为员工提供宿舍的初衷是提高生产效率。但用人单位应该谨慎选址，在保障员工身体健康的前提下，为员工提供舒适的休息环境，让员工能高效地工作。员工发现宿舍等休息场所存在不安全因素时，应该及时向单位提出异议。

5. 是否任何职位的员工发现生产企业存在安全隐患都有报告的义务呢?

案例背景

周先生是某建筑安装工程公司的一名挖掘机司机。在一住宅楼土方开挖施工过程中，周先生发现基坑坡度严重不足，但由于自己不是技术人员，对这方面不太懂，就没有在意。第二天坑壁出现了小块土方塌落情况，周先生认为没事继续施工，也没有向现场负责人报告。几小时后基坑北侧坑壁突然大面积坍塌，虽然没有造成人员伤亡，但造成了较大的经济损失。

学法有疑

是否任何职位的员工发现生产企业存在安全隐患都有报告的义务呢？

法律讲堂

根据我国《安全生产法》第五十六条的规定："从业人员发现事故隐患或者其他不安全因素，应当立即向现场安全生产管理人员或者本单位负责人报告；接到报告的人员应当及时予以处理。"我国法律没有将从业人员限定在本职岗位上的从业者，换言之，任何人发现安全隐患都应该及时报告。

具体到上述案例中，周先生虽然只是施工现场的一名挖掘机司机，不是技术人员，但是他发现生产单位存在安全隐患时没有警醒，也没有向主管人员反映情况，致使单位未能及时采取隐患排除措施，未能阻止事故的发生，理应承担一定责任。

法律条文

《中华人民共和国安全生产法》

第五十六条 从业人员发现事故隐患或者其他不安全因素，应当立即向现场安全生产管理人员或者本单位负责人报告；接到报告的人员应当及时予以处理。

无论劳动者在哪个岗位工作，发现用人单位存在事故隐患时都需要及时向现场负责人报告，报告得越早，事故隐患或者其他不安全因素可能造成的危害就越小，切不可心存侥幸。

6. 法律是否规定企业可以采用“师傅带徒弟”的做法？

案例背景

某煤矿新招了一批工人进行井下作业。除了对新工人进行上岗前安全培训，煤矿还给每个工人指派了一名老工人做师傅，让老工人带新工人。作为一名老工人，王先生不想花时间和精力带新工人，认为新工人自己慢慢摸索就可以了，就向煤矿老板拒绝了带新工人的要求。

学法有疑

法律是否规定企业可以采用“师傅带徒弟”的做法？

法律讲堂

根据我国《安全生产培训管理办法》第十三条的规定，国家鼓励生产经营单位实行师傅带徒弟制度。矿山新招的井下作业人员和危险物品生产经营单位新招的危险工艺操作岗位人员，除按照规定进行安全培训外，还应当在有经验的职工带领下实习满 2 个月后，方可独立上岗作业。即在一些危险行业中，尽管经过了安全培训，但是新进的从业人员在实际的生产过程中是不能独立承担工作职能的，因此，我国法律规定在这些行业中必须执行“师傅带徒弟”制度，由老员工带教，等到彻底熟悉实际的工作环境和安全技能后新员工才能独立作业。

在本案中，煤矿充分意识到了“师傅带徒弟”制度是我国法律所允许和提倡的，并且在煤矿井下作业这种危险性质岗位中落实了“师傅带徒弟”的制度。因此，煤矿的做法是合理的，王先生应当配合煤矿的工作。

法律条文

《安全生产培训管理办法》

第十三条 国家鼓励生产经营单位实行师傅带徒弟制度。

矿山新招的井下作业人员和危险物品生产经营单位新招的危险工艺操作岗位人员，除按照规定进行安全培训外，还应当在有经验的职工带领下实习满2个月后，方可独立上岗作业。

除了在一些行业中的危险岗位上必须采用“师傅带徒弟”制度外，为了让员工能够快速成长，用人单位也可以在其他岗位实行这种制度，让新员工能够早日独立工作。

7. 特种作业操作证在全国范围内都有效吗?

案例背景

李先生是江西省某电力企业的一名从事高压电力作业的工人,他持有高压电力作业的特种作业操作证,擅长处理各种复杂问题,是一名难得的经验丰富的技术工。2019 年 4 月,李先生被该电力企业调到湖北省工作,李先生知道从事高压电力工作必须持有这个特种作业操作证,但是自己在江西的操作证还可以在湖北用吗?这个证书是不是在全国范围内都有效?

学法有疑

特种作业操作证在全国范围内都有效吗?

法律讲堂

我国法律规定从事特种作业(容易发生事故,对操作者本人、他人的安全健康及设备、设施的安全可能造成重大危害的作业),必须持有特种作业操作证。我国《安全生产培训管理办法》第二十六条有明确规定:"特种作业操作证和省级安全生产监督管理部门、省级煤矿安全培训监管机构颁发的主要负责人、安全生产管理人员的安全合格证,在全国范围内有效。"因此,特种作业操作证在全国范围内都是有效的。

具体到上述案例中,李先生从事高压电力工作,需要持有高压电力作业的特种作业操作证,由于特种作业操作证是在全国范围内通用的,所以李先生在调到湖北工作后仍然可以凭借自己在江西省的操作证工作。

法律条文

《安全生产培训管理办法》

第二十六条 特种作业操作证和省级安全生产监督管理部门、

省级煤矿安全培训监管机构颁发的主要负责人、安全生产管理人员的安全合格证，在全国范围内有效。

一句话说法

如果劳动者需要从事的工种是在特种作业目录中的容易发生事故，对操作者本人、他人的安全及设备、设施的安全可能造成重大危害的作业，那么劳动者需要进行专门的安全技术培训，经考核合格取得特种作业操作证后才能上岗作业。

8. 员工通过不正当手段取得相关安全合格证书，将会有什么样的后果？

案例背景

刘先生的父亲开了一家玻璃制造厂，想要刘先生做安全生产方面的管理工作。2018 年，刘先生报名参加安全生产管理资格证考试，由于培训期间恰好赶上刘先生筹备婚礼，所以刘先生在培训时没有认真学习相关知识。到了考试的时候，刘先生认为以自己的水平，肯定考不过，就安排已经取得安全生产管理资格证的李某某替自己参加考试。后来刘先生顺利地拿到了安全生产管理资格证。

学法有疑

员工通过不正当手段取得相关安全合格证书，将会有什么样的后果？

法律讲堂

《安全生产培训管理办法》第三十五条规定："生产经营单位主要负责人、安全生产管理人员、特种作业人员以欺骗、贿赂等不正当手段取得安全合格证或者特种作业操作证的，除撤销其相关证书外，处 3000 元以下的罚款，并自撤销其相关证书之日起 3 年内不得再次申请该证书。"因此，如果生产经营单位主要负责人、安全生产管理人员、特种作业人员以欺骗、贿赂等不正当手段取得安全合格证或者特种作业操作证，有关部门可以撤销其证书并处相应的罚款。

具体到上述案例中，刘先生通过安排其他人替自己考试，以欺骗的手段取得了安全生产管理资格证。除了刘先生取得的证书会被撤销外，刘先生在自证书被撤销之日起 3 年内不得再次申请该证书，并且，有关部门还可以对刘先生处以相应的罚款。

法律条文

《安全生产培训管理办法》

第三十五条 生产经营单位主要负责人、安全生产管理人员、特种作业人员以欺骗、贿赂等不正当手段取得安全合格证或者特种作业操作证的，除撤销其相关证书外，处3000元以下的罚款，并自撤销其相关证书之日起3年内不得再次申请该证书。

一句话说法

为了让生产经营单位的主要负责人和安全生产管理人员具备与本单位所从事的生产经营活动相应的安全生产知识和管理能力，法律要求生产经营单位的负责人和安全管理人员需要持有相应的安全资格证书。员工应当认真准备，诚实地参加考试，不应当采取不正当手段获得相关安全资格证书，否则将会受到法律的严惩。

9. 法律对于举报生产经营单位的员工有什么保护措施吗？

案例背景

2019 年 6 月，朱先生进入某空调公司从事制冷与空调设备安装修理工作，空调公司安排老员工李先生教导朱先生熟悉工作。9 月份，由于人手短缺，空调公司安排朱先生独立地进行制冷与空调设备安装修理作业，李先生觉得朱先生学得还很有限，还没有完全上手，不能独立工作，并且从事制冷与空调设备安装修理需要考取相应的特种作业操作证，朱先生还没有参加考试。于是，李先生向有关部门举报了空调公司。

学法有疑

法律对于举报生产经营单位的员工有什么保护措施吗？

法律讲堂

我国《安全生产培训管理办法》第三十一条规定："任何单位或者个人对生产经营单位、安全培训机构违反有关法律、法规和本办法的行为，均有权向安全生产监督管理部门、煤矿安全监察机构、煤矿安全培训监管机构报告或者举报。接到举报的部门或者机构应当为举报人保密，并按照有关规定对举报进行核查和处理。"因此，如果有关部门接到了单位或者个人对违反生产安全培训的举报，应当为举报人保密，并按照有关规定对举报进行核查和处理。

在上述案例中，李先生认为朱先生既不具备独立操作制冷与空调设备安装修理作业能力，也没有考取制冷与空调设备安装修理的特种作业操作证，此种情况下空调公司安排朱先生独立进行制冷与空调设备安装修理作业是不合法的，李先生向有关部门举报公司的行为是正确的，接到举报的部门应当为举报人保密，并按照有关规定对举报进行核查和处理。

法律条文

《安全生产培训管理办法》

第三十一条 任何单位或者个人对生产经营单位、安全培训机构违反有关法律、法规和本办法的行为，均有权向安全生产监督管理部门、煤矿安全监察机构、煤矿安全培训监管机构报告或者举报。

接到举报的部门或者机构应当为举报人保密，并按照有关规定对举报进行核查和处理。

员工如果知道用人单位违反安全生产管理的相关规定，应当勇敢地向有权部门检举揭发，既不能夸大事实，也不能大事化小。

10. 临时工上岗需要培训吗？

案例背景

2019 年 6 月，某钢铁厂接到了一笔大订单。为了在规定的时间内完成这笔订单，钢铁厂招聘了一批临时工，并且要求这批工人马上上岗开始工作。小李是新工人中的一员，他认为自己现在什么都不知道，什么安全知识都不清楚，怎么就能直接上岗进行工作呢？小李认为钢铁厂的做法对这些临时工的生命极为不负责。

学法有疑

临时工上岗需要培训吗？

法律讲堂

根据《生产经营单位安全培训规定》第十一条规定：“煤矿、非煤矿山、危险化学品、烟花爆竹、金属冶炼等生产经营单位必须对新上岗的临时工、合同工、劳务工、轮换工、协议工等进行强制性安全培训，保证其具备本岗位安全操作、自救互救以及应急处置所需的知识和技能后，方能安排上岗作业。”即煤矿、非煤矿山、危险化学品、烟花爆竹、金属冶炼等这些用人单位在安排员工上岗前，不论员工是临时工、合同工、劳务工，还是轮换工、协议工等，都必须对员工进行安全培训。

具体到上述案例中，在钢铁厂从事工作具有极高的危险性，是我国法律明确规定必须进行上岗前培训的行业，即使是临时工，企业也必须对其进行上岗前的生产安全培训，并且要保证工人在掌握操作技能及应急措施后才上岗工作。钢铁厂要求临时工直接上岗工作，这样的做法是违法的。

法律条文

《生产经营单位安全培训规定》

第十一条 煤矿、非煤矿山、危险化学品、烟花爆竹、金属冶炼等生产经营单位必须对新上岗的临时工、合同工、劳务工、轮换工、协议工等进行强制性安全培训，保证其具备本岗位安全操作、自救互救以及应急处置所需的知识和技能后，方能安排上岗作业。

一句话说法

即使是临时工、合同工，在从事一些具有危险性的岗位前，也需要用人单位进行强制性的安全培训。如果劳动者遇到了用人单位不培训就要求上岗这种情形，要勇于说不，拒绝在没有安全保障的情况下上岗工作。

11. 员工离开工作岗位后一段时间再上岗需要重新培训吗?

案例背景

2018 年 4 月，赵先生向某化学厂辞职，离开山东老家，和朋友一起到深圳创业。2019 年 6 月，由于经验不足，赵先生的创业梦破碎了，只好又回到了山东。赵先生以前所在的化工厂老板知道了，认为赵先生技术过硬，想让赵先生跟着自己接着干。按照厂里的规定，新入职的员工需要参加安全培训，赵先生离开工作工厂有一年时间了，还需要重新培训吗?

学法有疑

员工离开工作岗位后一段时间再上岗需要重新培训吗?

法律讲堂

根据我国《生产经营单位安全培训规定》第十七条第一款的规定:“从业人员在本生产经营单位内调整工作岗位或离岗一年以上重新上岗时，应当重新接受车间（工段、区、队）和班组级的安全培训。”即如果劳动者离开工作岗位超过一年再重新回到工作岗位，用人单位就需要对劳动者重新进行安全培训。

具体到上述案例中，赵先生已经离开化工厂超过一年之久，按照法律规定应该重新参加培训，这样既能保障安全生产，也能保障其自身的安全。

法律条文

《生产经营单位安全培训规定》

第十七条第一款 从业人员在本生产经营单位内调整工作岗位

或离岗一年以上重新上岗时，应当重新接受车间（工段、区、队）和班组级的安全培训。

一句话说法

如果劳动者调整了工作岗位或者是离开工作岗位过久，无论是生产技能还是安全意识都会有所减退，重新回到工作岗位后，生产技能的生疏和安全意识的淡化可能会对安全生产作业产生潜在的隐患，这就需要用人单位对劳动者进行重新培训。

12. 劳动者发现用人单位违反安全生产管理规定时如何进行举报？

案例背景

小孙是某铝厂的一名职工。在某次社区组织的普法活动中，小孙了解到金属冶炼单位应当有注册安全工程师从事安全生产管理工作，而自己工作的铝厂虽然有专门负责安全生产管理的人员，但他们都不是注册安全工程师。于是，小孙向老板提出了建议，要求聘请一位注册安全工程师管理铝厂的生产安全，老板认为小孙多管闲事，置之不理。万般无奈之下，小孙只好拨打了当地安全生产监督管理机构公布的举报电话，举报了铝厂的违法行为。

学法有疑

劳动者发现用人单位违反安全生产管理规定时如何举报？

法律讲堂

《安全生产法》第七十条明确规定："负有安全生产监督管理职责的部门应当建立举报制度，公开举报电话、信箱或者电子邮件地址，受理有关安全生产的举报；受理的举报事项经调查核实后，应当形成书面材料；需要落实整改措施的，报经有关负责人签字并督促落实。"安全生产监督管理机构应当建立健全举报制度，让单位和个人有举报的渠道。如果劳动者发现用人单位有违反安全生产管理规定的行为，应当及时举报。

本案中，小孙发现铝厂没有注册安全工程师进行安全管理工作，违反了法律的规定，他可以通过安全生产监督管理机构公开的举报电话进行电话举报，也可以通过信箱、电子邮件的方式进行举报。

法律条文

《中华人民共和国安全生产法》

第二十四条 生产经营单位的主要负责人和安全生产管理人员必须具备与本单位所从事的生产经营活动相应的安全生产知识和管理能力。

危险物品的生产、经营、储存单位以及矿山、金属冶炼、建筑施工、道路运输单位的主要负责人和安全生产管理人员，应当由主管的负有安全生产监督管理职责的部门对其安全生产知识和管理能力考核合格。考核不得收费。

危险物品的生产、储存单位以及矿山、金属冶炼单位应当有注册安全工程师从事安全生产管理工作。鼓励其他生产经营单位聘用注册安全工程师从事安全生产管理工作。注册安全工程师按专业分类管理，具体办法由国务院人力资源和社会保障部门、国务院安全生产监督管理部门会同国务院有关部门制定。

第七十条 负有安全生产监督管理职责的部门应当建立举报制度，公开举报电话、信箱或者电子邮件地址，受理有关安全生产的举报；受理的举报事项经调查核实后，应当形成书面材料；需要落实整改措施的，报经有关负责人签字并督促落实。

安全生产重于泰山，如果员工发现用人单位有违反安全生产管理规定的行为，可以通过各种渠道向负有安全生产监督管理职责的部门进行举报。

13. 在哪些情况下，企业会被纳入安全生产不良记录“黑名单”？

案例背景

2019 年，某煤矿因为安全生产主体责任未落实到位，矿下作业安全管理不到位，18 名工人在进行矿下作业时发生瓦斯爆炸，最终导致 12 名工人死亡，6 名工人重伤，经当地安全生产监督管理部门报送后，国家安全监管总局将对该事故发生负有责任的公司、公司总经理、安全员纳入了联合惩戒对象，并且纳入了安全生产不良记录“黑名单”管理。

学法有疑

在哪些情况下，企业会被纳入安全生产不良记录“黑名单”？

法律讲堂

依据《对安全生产领域失信行为开展联合惩戒的实施办法》第三条的规定，安全生产不良记录“黑名单”，是指对于存在严重违法违规行为，发生重特大生产安全责任事故，或 1 年内累计发生 2 起较大生产安全责任事故，或发生性质恶劣、危害性严重、社会影响大的典型较大生产安全责任事故的联合惩戒对象，会将其纳入安全生产不良记录“黑名单”管理。建立联合惩戒和“黑名单”管理制度对全面惩戒和约束违法违规企业，提高失信企业的违法成本，严肃生产安全事故责任追究，倒逼企业落实安全生产主体责任有巨大的保障作用。

具体到上述案例中，煤矿因为安全生产主体责任未落实到位，矿下作业安全管理不到位，18 名工人在进行矿下作业时发生瓦斯爆炸，最终导致 12 名工人死亡，6 名工人重伤，属于重特大生产安全责任事故，符合被纳入安全生产不良记录“黑名单”管理的条件，因此，国家安全监管总局将其纳入安全生产不良记录“黑名单”管理的做法正确合法。

法律条文

《对安全生产领域失信行为开展联合惩戒的实施办法》

第三条 存在严重违法违规行为，发生重特大生产安全责任事故，或1年内累计发生2起较大生产安全责任事故，或发生性质恶劣、危害性严重、社会影响大的典型较大生产安全责任事故的联合惩戒对象，纳入安全生产不良记录“黑名单”管理。

如果企业被纳入安全生产不良记录“黑名单”，将会受到严厉的惩戒措施，包括加强安全监管监察、依法暂停审批其新的重大项目申报，核减、停止拨付或收回政府补贴资金等，因此企业一定要注重安全生产管理，遵守安全管理相关规定。

第2章 劳动合同

14. 劳动者与用人单位何时建立劳动关系?

案例背景

余某毕业于国内某名牌大学，在游戏开发行业从业五年，专业水准高，工作经验丰富。某游戏开发公司的人力资源部门通过猎头公司找到了余某，希望他能跳槽到自己公司。经过两次面谈之后，余某对该公司开出的优厚待遇表示非常满意，决定到该公司任职，但是由于自己还未与原公司办理离职手续，且手上有重要的项目正在进行，于是提出先与该游戏开发公司签订劳动合同，一个月后再入职。游戏开发公司同意并与余某签订了合同。但是在这一个月期间内，游戏开发公司没有遵守约定，转而聘请了别人。

学法有疑

余某与该游戏开发公司的劳动关系是否已经建立？劳动者与用人单位何时建立劳动关系？

法律讲堂

我国《劳动合同法》第七条规定：“用人单位自用工之日起即与劳动者建立劳动关系……”同时该法第十条规定：“建立劳动关系，应当订立书面劳动合同。已建立劳动关系，未同时订立书面劳动合同的，应当自用工之日起一个月内订立书面劳动合同。用人单位与劳动者在用工前订立劳动合同的，劳动关系自用工之日起建立。”由此可见，建立劳动关系应当订立书面劳动合同，劳动关系建立的时间并不是以签订劳动合同的时间为准，而是以事实劳动关系的发生与存在为依据。当签订劳动合同的时间与实际用工时间不一致时，应当以用工之日为准来确定劳动关系建立的时间。在上面的案例中，虽然余某已经与该游戏开发公司签订了劳动合同，但是未实际到岗工作，公司与余某之间并没有发生实际用工关系，未建立劳动关系，也就不受劳动法律关系的约束。

法律条文

《中华人民共和国劳动合同法》

第七条 用人单位自用工之日起即与劳动者建立劳动关系。用人单位应当建立职工名册备查。

第十条 建立劳动关系，应当订立书面劳动合同。

已建立劳动关系，未同时订立书面劳动合同的，应当自用工之日起一个月内订立书面劳动合同。

用人单位与劳动者在用工前订立劳动合同的，劳动关系自用工之日起建立。

一句话说法

虽然企业与劳动者之间的劳动关系自用工之日起建立，劳动合同的签订并不是意味着建立了劳动关系，但是劳动者不能忽视劳动合同，劳动合同可以对劳动关系起到一定的证明作用，也可以对双方的权利义务进行特别约定，合理签订劳动合同可以更有效地维护劳动者的权益。

15. 除了劳动合同，职工如何证明其与用人单位之间存在劳动关系？

案例背景

贾某于2018年12月到某广告公司工作，但是双方并没有签订书面的劳动合同。由于该公司每个月按时为贾某发放工资，贾某觉得是否签订书面劳动合同不是很重要，便不再催促公司签订劳动合同。直到2019年5月，贾某在下班途中被砸伤，希望公司帮助申请工伤认定，而公司却拒绝了贾某的请求，认为双方未签订正式的劳动合同，不存在劳动关系。

学法有疑

在没有签订劳动合同的情况下，贾某是否有办法证明双方之间存在劳动关系呢？

法律讲堂

根据我国《劳动合同法》第七条的规定，用人单位自用工之日起即与劳动者建立劳动关系。所以劳动关系的建立与否不以是否签订劳动合同为标准，即便没有签订书面劳动合同，用人单位也不能否认事实劳动关系的存在。在没有劳动合同的情况下，劳动者可以采用其他文件证明其与用人单位之间存在劳动关系。以下书面文件和凭证均能证明劳动关系的存在：职工的工资支付凭证或记录；公司为职工缴纳社会保险费用的记录；公司向劳动者发放的工作证、服务证等能够证明身份的证件；具有公司盖章的“登记表”“报名表”等招用记录；职工的考勤记录等。劳动者在未签订劳动合同的情况下，应注意保留前述的相关证明材料。

在上面的案例中，虽然贾某并未与公司订立正式的劳动合同，但是事实劳动关系已经成立，贾某可以以公司给自己发放工资的记录来证明劳动关系的存在。

法律条文

《中华人民共和国劳动合同法》

第七条 用人单位自用工之日起即与劳动者建立劳动关系。用人单位应当建立职工名册备查。

第十条 建立劳动关系，应当订立书面劳动合同。

已建立劳动关系，未同时订立书面劳动合同的，应当自用工之日起一个月内订立书面劳动合同。

用人单位与劳动者在用工前订立劳动合同的，劳动关系自用工之日起建立。

第八十二条第一款 用人单位自用工之日起超过一个月不满一

年未与劳动者订立书面劳动合同的，应当向劳动者每月支付二倍的工资。

一句话说法

用人单位不与劳动者签订劳动合同时，劳动者也不必过分紧张，工作中尽可能保留好能够证明身份的证据材料，以便在权益受到用人单位侵害时以有力的证据对抗。同时，在用人单位不与劳动者签订劳动合同的情况下，劳动者可以向劳动仲裁委员会、法院请求用人单位每月支付两倍的工资。

16. 所有劳动合同都可以约定试用期吗?

案例背景

温州某玩具加工企业由于推出新型产品，取得了良好的市场反馈，一时订单激增，即便原有的工人加班加点也还是面临着无法如期交货的风险。企业经理陈总决定临时聘用一批员工，其中李某曾经自己经营过玩具小作坊，陈总遂与他签订了劳动合同，约定由李某带领几个新工人在新组的五号生产线完成一份50000件的出口订单，在生产完毕后合同自动终止，试用期一个月。本想这样既可以快速生产，避免承担延期履行合同的赔偿责任，又不至于面临在新型玩具下架后人浮于事的情况。但是，李某办事拖沓，对新的生产设备了解不足，效率低下。陈总认为试用期间证明李某不可胜任工作，决定解除合同。李某不服，认为公司侵犯了他的权益，坚决不肯解除合同。

学法有疑

所有劳动合同都可以约定试用期吗?

法律讲堂

劳动合同的期限包括：固定期限、无固定期限和以完成一定工作任务为期限。并非任何一种劳动合同都可以约定试用期。根据《劳动合同法》第十九条第三款规定："以完成一定工作任务为期限的劳动合同或者劳动合同期限不满三个月的，不得约定试用期。"本案中的玩具加工企业与李某在合同中约定，该出口订单生产完毕后，合同自动终止，属于以完成一定工作任务为期限的劳动合同，依法不能约定试用期，所以试用期条款是违法的。企业想以劳动者"在试用期间被证明不符合录用条件"的理由来单方面解除劳动合同的做法是行不通的，应当及时与李某沟通，通过协商的方式解除劳动合同。

法律条文

《中华人民共和国劳动合同法》

第十九条第三款 以完成一定工作任务为期限的劳动合同或者劳动合同期限不满三个月的，不得约定试用期。

一句话说法

企业与劳动者约定试用期的主要原因在于担心劳动者的能力不能胜任工作。但是劳动者应该知道，不是所有的工作都可以约定试用期，比如“以完成一定工作任务为期限的劳动合同”就是不能约定试用期的。劳动者面临此种情形时，要多加注意。

17. 试用期期限可以随意约定吗?

案例背景

2018 年 6 月,小张被某科技公司聘为产品质检员,小张提出与公司签订为期两年的劳动合同,公司表示同意。随后公司的人力资源经理告诉小张,公司新录用的员工试用期均为六个月,经过试用期考核合格后才能转正。小张认为自己只与公司签订两年的劳动合同,六个月的试用期过长,而且自己在试用期只能拿到 80% 的薪水,这对自己是不公平的。但是公司表示,这是公司的规定,每个员工都不能例外。

学法有疑

该科技公司将所有员工试用期均定为六个月的行为是否合法?

法律讲堂

该公司将所有员工的试用期均定为六个月的行为是不符合法律规定的。我国《劳动合同法》第十九条对试用期有明确的规定，根据其规定，劳动合同期限三个月以上不满一年的，试用期不得超过一个月；劳动合同期限一年以上不满三年的，试用期不得超过二个月；三年以上固定期限和无固定期限的劳动合同，试用期不得超过六个月。由此可见，试用期的最长期限是六个月，且不得高于劳动合同期限对应的试用期限。

在本案中，科技公司应该根据员工的劳动合同期限长短来确定相应的试用期，而不是将所有员工的试用期统一定为六个月。小张与公司签订了为期两年的劳动合同，那么公司应当对其规定不超过两个月的试用期。

法律条文

《中华人民共和国劳动合同法》

第十九条 劳动合同期限三个月以上不满一年的，试用期不得超过一个月；劳动合同期限一年以上不满三年的，试用期不得超过二个月；三年以上固定期限和无固定期限的劳动合同，试用期不得超过六个月。

同一用人单位与同一劳动者只能约定一次试用期。

以完成一定工作任务为期限的劳动合同或者劳动合同期限不满三个月的，不得约定试用期。

试用期包含在劳动合同期限内。劳动合同仅约定试用期的，试用期不成立，该期限为劳动合同期限。

一句话说法

在面临就业时，求职者相比用人单位居于弱势地位，往往会遭

到不公平的对待，尤其是关于试用期的期限，大多数的求职者都面临着试用期过长的处境。对此，劳动者应该提高自己的法律意识，学习《劳动合同法》的相关知识。对于不合法的试用期规定，劳动者不要逆来顺受，而要积极地争取自己的合法权益。

18. 公司规定试用期合格后才能签订劳动合同合法吗?

案例背景

李女士到某服装公司应聘，经过一轮笔试和两轮面试之后被该公司聘用。当李女士提出签订劳动合同的要求时，公司的人事部经理对李女士说："按照公司的规定，新录用的员工必须先经过三个月试用期，试用期合格后双方才能签订书面的劳动合同。"李女士认为该公司的规定是违法的，就向劳动监察部门举报了该公司的行为。

学法有疑

用人单位规定劳动者必须在试用期合格之后才能签订劳动合同，这样的规定合法吗?

法律讲堂

用人单位规定在试用期结束后才能与劳动者签订劳动合同的做法违反了我国《劳动合同法》。我国《劳动合同法》第十条规定："建立劳动关系，应当订立书面劳动合同。已建立劳动关系，未同时订立书面劳动合同的，应当自用工之日起一个月内订立书面劳动合同。用人单位与劳动者在用工前订立劳动合同的，劳动关系自用工之日起建立。"同时根据该法第十九条的规定可知，试用期包含在劳动合同期限内。根据该法第八十二条的规定，如果用人单位自用工之日起超过一个月不满一年未与劳动者订立书面劳动合同，应当向劳动者每月支付二倍的工资。

由此可见，本案中服装公司的做法是明显违反《劳动合同法》的，李女士被聘用之后，无论是否有试用期，只要开始工作就与用人单位建立了事实上的劳动关系，公司应当在用工之日起一个月内与李女士签订书面的劳动合同，而不是在试用期合格之后再签订劳动合同。公司的这一做法是不合法的，李女士可以要求公司在不签订书面劳动合同期间每月支付二倍的工资。

法律条文

《中华人民共和国劳动合同法》

第十条 建立劳动关系，应当订立书面劳动合同。

已建立劳动关系，未同时订立书面劳动合同的，应当自用工之日起一个月内订立书面劳动合同。

用人单位与劳动者在用工前订立劳动合同的，劳动关系自用工之日起建立。

第十九条 劳动合同期限三个月以上不满一年的，试用期不得超过一个月；劳动合同期限一年以上不满三年的，试用期不得超过二个月；三年以上固定期限和无固定期限的劳动合同，试用期不得超过六个月。

同一用人单位与同一劳动者只能约定一次试用期。

以完成一定工作任务为期限的劳动合同或者劳动合同期限不满三个月的，不得约定试用期。

试用期包含在劳动合同期限内。劳动合同仅约定试用期的，试用期不成立，该期限为劳动合同期限。

一句话说法

求职时大多数公司都会有试用期的规定，劳动者应当意识到试用期是包含在劳动合同期限内的，试用期的开始标志着用工关系的建立，公司最迟应当在一个月之内与劳动者签订正式的书面劳动合同。如果遇到不合法的用工行为，劳动者应当学会拿起法律武器维护自己的权益。

19. 为期3年的劳动合同可以约定5年的服务期限吗？

案例背景

2013年林某与某培训机构签订了为期3年的劳动合同，由林某担任讲师。为了提高在同行中的竞争力，该机构把出资支持讲师专项培训作为公司长期执行的制度，如果林某选择最高培训经费则要签订服务期为5年的补充合同，如果违约，违约金按未履行年限分摊的培训费计算，林某签订了该服务期协议。2016年林某的劳动合同到期了，但是仍然在服务期限内，便向公司询问应当如何处理，公司不愿再与林某续约，便回复林某剩下的服务期就算了，违约金减半交给公司即可。林某不同意，提出要么续约，要么别要违约金，双方僵持不下。

学法有疑

为期3年的劳动合同可以约定5年的服务期限吗？

法律讲堂

本案中，林某签订了劳动合同、服务期协议两个合同，两个合同的履行期限出现了较大的差异，而两个合同对林某和公司都是有约束力的，公司应当为劳动者履行合同提供必要的条件，劳动者如果违反服务期合同要承担违约责任。根据《劳动合同法实施条例》第十七条的规定，劳动合同期满，服务期尚未到期的，劳动合同应当续延至服务期满；双方另有约定的，从其约定。所以原则上，公司应当与林某续约，如果确实无法续约，应当通过平等协商的方式解决纠纷，如果不能及时解决，林某也继续上班的话，单位依然要支付相应的薪资，提供不低于原合同的待遇。

法律条文

《中华人民共和国劳动合同法实施条例》

第十七条 劳动合同期满，但是用人单位与劳动者依照劳动合同法第二十二条的规定约定的服务期尚未到期的，劳动合同应当续延至服务期满；双方另有约定的，从其约定。

服务期未到期，而劳动合同期满的，依法首要选择是续约，续约不成的情况下应当相互协商，这种情况下违约金的作用可能要大打折扣。劳动者应当注意的是，当公司不想续约时，如果符合用人单位可以单方面解除合同的情形，公司依然可能获得足额的违约金。

20. 劳动合同中必须写明工作地点吗?

案例背景

C市某公司刚刚成立，公司董事会在制定单位规章制度时，顺便就劳动合同的内容进行了商议。一位董事认为，应该区分不同的工作岗位和工作性质多确定几份劳动合同备用，大家对此并无异议。另一位董事提出，由于销售人员的工作性质特殊，可能全国各地到处跑，工作地点难以确定，所以不建议在其劳动合同中对工作地点约定得太过详细，以避免频繁变更劳动合同。其余参会人员认为此举虽省去了变更劳动合同的麻烦，但似乎并不合法。

学法有疑

该董事的说法正确吗？劳动合同中可不可以不明确工作地点？除此之外，劳动合同中还应具备哪些条款？

法律讲堂

该董事的说法错误。工作地点是劳动合同的履行地，其不仅关系到劳动者的工作环境和生活环境，还是劳动者选择工作的重要参考，也是劳动合同中必不可少的内容。我国《劳动合同法》第十七条第一款已经就劳动合同必须具备的内容进行了明确。根据该条规定，劳动合同应当具备以下条款：用人单位的名称、住所和法定代表人或者主要负责人；劳动者的姓名、住址和居民身份证或者其他有效身份证件号码；劳动合同期限；工作内容和工作地点；工作时间和休息休假；劳动报酬；社会保险；劳动保护、劳动条件和职业危害防护；法律、法规规定应当纳入劳动合同的其他事项。

法律条文

《中华人民共和国劳动合同法》

第十七条 劳动合同应当具备以下条款：

（一）用人单位的名称、住所和法定代表人或者主要负责人；

（二）劳动者的姓名、住址和居民身份证或者其他有效身份证件号码；

（三）劳动合同期限；

（四）工作内容和工作地点；

（五）工作时间和休息休假；

（六）劳动报酬；

（七）社会保险；

（八）劳动保护、劳动条件和职业危害防护；

（九）法律、法规规定应当纳入劳动合同的其他事项。

劳动合同除前款规定的必备条款外，用人单位与劳动者可以约定试用期、培训、保守秘密、补充保险和福利待遇等其他事项。

第八十一条 用人单位提供的劳动合同文本未载明本法规定的劳

动合同必备条款或者用人单位未将劳动合同文本交付劳动者的，由劳动行政部门责令改正；给劳动者造成损害的，应当承担赔偿责任。

一句话说法

虽然劳动合同中缺乏必备条款并不一定会影响劳动合同的履行，但根据我国《劳动合同法》第八十一条的规定，若用人单位提供的劳动合同缺乏前述必备条款，劳动行政部门将责令其改正。若因此给劳动者造成损害的，用人单位将依法承担赔偿责任。

21. 劳动者满足什么条件才可与用人单位签订无固定期限劳动合同?

案例背景

高某于2007年进入某化妆品公司，担任项目经理一职。2013年，高某被委派到该化妆品公司的子公司A公司工作。2018年4月，高某与该公司的劳动合同即将到期，高某认为自己在公司的工作年限已经超过10年，因此向公司提出了签订无固定期限劳动合同的要求，但是遭到了公司的拒绝。于是高某提起劳动仲裁，仲裁请求为要求公司与其签订无固定期限劳动合同。仲裁庭经过审理，支持了高某的仲裁请求。

学法有疑

在哪些情况下，用人单位应当与劳动者签订无固定期限劳动合同？

法律讲堂

根据我国《劳动合同法》的规定，无固定期限劳动合同是指用人单位与劳动者约定无确定终止时间的劳动合同。一般情况下，签订多长时间的合同可以由双方自愿协商。但满足一定条件下，劳动者可以要求用人单位与其签订无固定期限劳动合同。对此，我国《劳动合同法》第十四条明确作出了规定，有下列情形之一，劳动者提出或者同意续订、订立劳动合同的，除劳动者提出订立固定期限劳动合同外，应当订立无固定期限劳动合同：（一）劳动者在该用人单位连续工作满十年的；（二）用人单位初次实行劳动合同制度或者国有企业改制重新订立劳动合同时，劳动者在该用人单位连续工作满十年且距法定退休年龄不足十年的；（三）连续订立二次固定期限劳动合同，且劳动者没有本法第三十九条和第四十条第一项、第二项规定的情形，续订劳动合同的。

在本案中，高某2007年就进入化妆品公司工作，虽然中途被委派到A公司，但A公司是该化妆品公司的子公司，因此仍视为在该化妆品公司工作。高某在该公司连续工作年限已经超过10年，符合《劳动合同法》第十四条第二款第一项的规定，因此高某有权在续订合同时要求化妆品公司与其签订无固定期限劳动合同。

法律条文

《中华人民共和国劳动合同法》

第十四条 无固定期限劳动合同，是指用人单位与劳动者约定无确定终止时间的劳动合同。

用人单位与劳动者协商一致，可以订立无固定期限劳动合同。有下列情形之一，劳动者提出或者同意续订、订立劳动合同的，除劳动者提出订立固定期限劳动合同外，应当订立无固定期限劳动合同：

（一）劳动者在该用人单位连续工作满十年的；

（二）用人单位初次实行劳动合同制度或者国有企业改制重新订立劳动合同时，劳动者在该用人单位连续工作满十年且距法定退休年龄不足十年的；

（三）连续订立二次固定期限劳动合同，且劳动者没有本法第三十九条和第四十条第一项、第二项规定的情形，续订劳动合同的。

用人单位自用工之日起满一年不与劳动者订立书面劳动合同的，视为用人单位与劳动者已订立无固定期限劳动合同。

无固定期限劳动合同在一定程度上更有利于保障劳动者的利益，若出现经济性裁员时，无固定期限合同劳动者是公司优先留下的对象。当满足法定条件后，订立无固定期限劳动合同的主动权就掌握在了劳动者手中。

22. 仅有领导签字，没有加盖用人单位公章的劳动合同有效吗?

案例背景

黄某于2019年6月到B公司任职，工作岗位为设计部总监，公司开出的优厚待遇让黄某非常满意。2019年7月，黄某应公司要求与其签订了五年的劳动合同，但是签订的合同并没有加盖公司公章，只有法定代表人的签字。后来公司欲辞退黄某，便声称双方的劳动合同没有加盖公司的公章，是无效的劳动合同。

学法有疑

B公司的说法是否正确？没有加盖用人单位公章的劳动合同就是无效的吗？

法律讲堂

劳动合同是劳动者与用人单位建立劳动关系的书面依据，也是厘清双方权利义务关系、维护各自权益最直接的证据。我国《劳动合同法》第十六条规定："劳动合同由用人单位与劳动者协商一致，并经用人单位与劳动者在劳动合同文本上签字或者盖章生效。劳动合同文本由用人单位和劳动者各执一份。"由此可见，在没有特别约定的情况下，用人单位加盖公章不是劳动合同生效的必备条件，仅凭没有加盖公司的公章就认定劳动合同无效是没有法律依据的，本案中B公司的说法在法律上是站不住脚的。

同时，我国《劳动合同法》第二十六条还规定了劳动合同无效的法定事由。根据《劳动合同法》第二十六条的规定，下列劳动合同无效或者部分无效：（1）以欺诈、胁迫的手段或者乘人之危，使对方在违背真实意思的情况下订立或者变更劳动合同的；（2）用人单位免除自己的法定责任、排除劳动者权利的；（3）违反法律、行政法规强制性规定的。因此，在本案中，双方签订的劳动合同不存在无效的事由。虽然黄某与公司的劳动合同只有法定代表人的签字，但是法定代表人的行为可以视为公司的行为，该劳动合同是有效的。

法律条文

《中华人民共和国劳动合同法》

第十六条 劳动合同由用人单位与劳动者协商一致，并经用人单位与劳动者在劳动合同文本上签字或者盖章生效。

……

第二十六条 下列劳动合同无效或者部分无效：

（一）以欺诈、胁迫的手段或者乘人之危，使对方在违背真实意思的情况下订立或者变更劳动合同的；

（二）用人单位免除自己的法定责任、排除劳动者权利的；

（三）违反法律、行政法规强制性规定的。

对劳动合同的无效或者部分无效有争议的，由劳动争议仲裁机构或者人民法院确认。

一句话说法

虽然说没有加盖用人单位公章并不一定代表劳动合同无效，但是劳动者应该意识到用人单位公章具有相对较强的证明效力，它代表公司的直接行为。因此，为了减少争议，劳动者应当尽力争取在劳动合同上加盖用人单位公章。

23. 劳动者是否可以同时签订多份非全日制用工合同？

案例背景

匡女士已经在某市一家物业公司做了两年的保洁工作。根据物业公司的要求，匡女士每天只需早晚打扫两次即可，不要求全天在岗。其间，匡女士与物业公司签订了一份非全日制用工合同。由于家庭发生变故，匡女士为了贴补家用，就与另外一家家政公司也签订了一份非全日制用工合同，该合同约定匡女士只需每天拿出三个小时的时间完成公司委派的保洁任务即可。物业公司知道该情况之后，担心匡女士另行找到的工作影响其在本单位的工作质量，警告匡女士如果不进行改正就与其解除劳动合同。

学法有疑

劳动者是否可以同时与不同的用人单位签订多份非全日制用工合同？

法律讲堂

对于非全日制用工劳动合同的效力问题，我国《劳动合同法》第六十九条作出明确规定："非全日制用工双方当事人可以订立口头协议。从事非全日制用工的劳动者可以与一个或者一个以上用人单位订立劳动合同；但是，后订立的劳动合同不得影响先订立的劳动合同的履行。"

由此可见，劳动者是可以同时签订多份非全日制用工的劳动合同的，但前提是必须保证后订立的劳动合同不能影响先订立合同的履行。在本案中，匡女士同时订立了两份非全日制用工合同，但是两份合同的履行时间并不冲突，匡女士完全可以同时履行两份合同义务，因此物业公司的要求没有法律依据，不能仅因匡女士签订了多份非全日制用工合同就与其解除劳动合同。

法律条文

《中华人民共和国劳动合同法》

第六十八条 非全日制用工，是指以小时计酬为主，劳动者在同一用人单位一般平均每日工作时间不超过四小时，每周工作时间累计不超过二十四小时的用工形式。

第六十九条 非全日制用工双方当事人可以订立口头协议。

从事非全日制用工的劳动者可以与一个或者一个以上用人单位订立劳动合同；但是，后订立的劳动合同不得影响先订立的劳动合同的履行。

《劳动和社会保障部关于非全日制用工若干问题的意见》

一、关于非全日制用工的劳动关系

（一）非全日制用工是指以小时计酬、劳动者在同一用人单位平均每日工作时间不超过5小时累计每周工作时间不超过30小时的用工形式。

从事非全日制工作的劳动者，可以与一个或一个以上用人单位建立劳动关系。用人单位与非全日制劳动者建立劳动关系，应当订立劳动合同。劳动合同一般以书面形式订立。劳动合同期限在一个月以下的，经双方协商同意，可以订立口头劳动合同。但劳动者提出订立书面劳动合同的，应当以书面形式订立。

劳动者签订非全日制用工劳动合同时，要注意遵守《劳动合同法》关于全日制用工的规定，合理安排自己的劳动时间，保证工作质量，否则将面临违约的风险。

24. 受人胁迫而签订的劳动合同有效吗？

案例背景

今年大专刚毕业的小王，经同学介绍，到某钢铁厂找了一份工作，小王准备干一个星期看看，之后再和钢铁厂签订劳动合同。一个星期后，小王认为这个钢铁厂管理混乱，劳动卫生条件较差，不想在这里工作，拒绝和钢铁厂签订劳动合同。钢铁厂负责人威胁小王，如果不签合同离开钢铁厂，他的人身安全就得不到保障，小王只能和钢铁厂签订了3年的劳动合同。1年后，小王实在受不了钢铁厂的工作环境，但一想到和钢铁厂签订了3年的劳动合同，怕自己离开会承担违约责任。

学法有疑

小王与钢铁厂签订的劳动合同有效吗，小王可以直接辞职吗？

法律讲堂

劳动合同是劳动者和用人单位，在公平、自愿的基础上，协商一致签订的用工合同，是一种双向选择。根据《劳动合同法》第二十六条的规定，劳动合同无效或者部分无效的情形包括：(1) 以欺诈、胁迫的手段或者乘人之危，使对方在违背真实意思的情况下订立或者变更劳动合同的；(2) 用人单位免除自己的法定责任、排除劳动者权利的；(3) 违反法律、行政法规强制性规定的。

在本案中，钢铁厂胁迫小王签订劳动合同，属于上述劳动合同无效的情形之一，小王可以请求劳动争议仲裁机构或者人民法院确认自己与钢铁厂签订的劳动合同无效。

法律条文

《中华人民共和国劳动合同法》

第二十六条 下列劳动合同无效或者部分无效：

（一）以欺诈、胁迫的手段或者乘人之危，使对方在违背真实意思的情况下订立或者变更劳动合同的；

（二）用人单位免除自己的法定责任、排除劳动者权利的；

（三）违反法律、行政法规强制性规定的。

对劳动合同的无效或者部分无效有争议的，由劳动争议仲裁机构或者人民法院确认。

虽然劳动者与用人单位签订了书面劳动合同，但是如果劳动合同存在全部或部分无效的情形，劳动者将不受劳动合同的约束，可以请求劳动争议仲裁机构或者人民法院确认劳动合同无效，甚至可以要求用人单位承担损害赔偿责任。

25. 劳动合同到期后，单位既不续签劳动合同，也未通知终止劳动关系，双方关系应如何认定?

案例背景

张某是一名出租车司机，2016 年 12 月，张某与某市出租车公司签订了为期两年的劳动合同。2018 年合同到期后，出租车公司没有提出续签劳动合同，也没有通知张某解除劳动关系。张某在公司工作了两年，对于工资待遇也很满意，于是合同到期后仍继续在该公司工作。2019 年 7 月，出租车公司却突然停发了张某的工资，理由是双方的劳动合同早已到期，劳动关系已经终止。

学法有疑

劳动合同到期后，劳动者仍在该单位继续工作的，劳动关系应当如何认定?

法律讲堂

《最高人民法院关于审理劳动争议案件适用法律问题的解释(一)》第三十四条第一款规定:“劳动合同期满后，劳动者仍在原用人单位工作，原用人单位未表示异议的，视为双方同意以原条件继续履行劳动合同。一方提出终止劳动关系的，人民法院应予支持。”此外，根据《劳动合同法》的精神，单位解除或终止事实劳动关系，应当具备法定事由。劳动合同到期后劳动者仍在单位工作的，单位与劳动者已形成事实劳动关系。事实劳动关系的解除或终止，仍应受《劳动合同法》中关于劳动合同解除与终止相关规定的约束。

在本案中，张某与出租车公司的劳动合同到期后，公司没有通知张某解除劳动关系，张某也继续在该公司工作，双方对此都没有提出异议。此时应当视为双方均同意继续履行劳动合同，双方形成了事实劳动关系。2019 年 7 月，出租车公司无任何理由就随便停发张某工资是违法的，公司辞退张某属于违法解除劳动合同，张某可以向劳动仲裁委员会提起仲裁。

法律条文

《最高人民法院关于审理劳动争议案件适用法律问题的解释（一）》

第三十四条 劳动合同期满后，劳动者仍在原用人单位工作，原用人单位未表示异议的，视为双方同意以原条件继续履行劳动合同。一方提出终止劳动关系的，人民法院应予支持。

根据劳动合同法第十四条规定，用人单位应当与劳动者签订无固定期限劳动合同而未签订的，人民法院可以视为双方之间存在无固定期限劳动合同关系，并以原劳动合同确定双方的权利义务关系。

《中华人民共和国劳动合同法》

第三十九条 劳动者有下列情形之一的，用人单位可以解除劳动合同：

（一）在试用期间被证明不符合录用条件的；

（二）严重违反用人单位的规章制度的；

（三）严重失职，营私舞弊，给用人单位造成重大损害的；

（四）劳动者同时与其他用人单位建立劳动关系，对完成本单位的工作任务造成严重影响，或者经用人单位提出，拒不改正的；

（五）因本法第二十六条第一款第一项规定的情形致使劳动合同无效的；

（六）被依法追究刑事责任的。

合同到期后未续约，劳动者仍在用人单位工作的，双方之间的劳动关系受法律保护。但劳动者应当重视劳动合同的签订，在合同到期后，如果想继续在原用人单位工作，应当及时向用人单位提出续订劳动合同的要求，签订劳动合同可以更好地维护自己的权益。

26. 劳动合同期满后未续签，劳动者继续为用人单位提供劳动，劳动者可以主张二倍工资的赔偿吗？

案例背景

从2017年9月起，小周就在某安保公司上班，至今已经2年多了。一日，小周和新入职的同事吃饭时聊到劳动合同的问题时才想起来，自己之前和公司签的劳动合同期限是2年，到现在已经期满8个多月了，公司没有说离职，也没有提续签的事情，自己还一直正常上班，公司也正常给自己发工资……同事知道后，就说了句："没有续签你还在上班呀？劳动法不是说用人单位必须和员工签劳动合同吗？不签的话，公司要给双倍工资赔偿的！"小周听后，心里产生了疑问。

学法有疑

与公司的劳动合同期限届满之后，双方没有续签合同，仍在公司工作的员工有权向公司主张二倍工资的赔偿吗？

法律讲堂

劳动合同约定了用人单位与劳动者的权利义务，可以有效保护劳动者的合法权益。根据我国《劳动合同法》第十条的规定，用人单位与劳动者建立劳动关系必须订立书面的劳动合同。为强化用人单位与劳动者订立书面劳动合同的义务，该法第八十二条还规定："用人单位自用工之日起超过一个月不满一年未与劳动者订立书面劳动合同的，应当向劳动者每月支付二倍的工资。用人单位违反本法规定不与劳动者订立无固定期限劳动合同的，自应当订立无固定期限劳动合同之日起向劳动者每月支付二倍的工资。"可见，用人单位未依法与劳动者订立书面劳动合同是要承担法律责任的。

那么，订立书面劳动合同的义务及责任是否及于劳动合同期限届满未续签，但劳动者仍然为原用人单位提供劳动的情形呢？根据《劳动合同法》第四十四条的规定，劳动合同可因劳动合同期限届满而终止。也就是说，当劳动合同期限届满后，原劳动合同的效力即归于终止。如果劳动者仍然为用人单位提供劳动且用人单位未明确拒绝的，可视为双方均同意继续建立劳动关系。这时，如果双方未对劳动合同的续签作出另外约定，用人单位仍然负有与劳动者签订书面劳动合同的义务，如果用人单位自原劳动合同期限届满后、继续用工之日起超过一个月不满一年未与劳动者订立书面劳动合同的，劳动者可以向用人单位主张二倍工资。

需要注意的是，劳动合同还存在逾期终止的情形。根据《劳动合同法》第四十五条的规定，如有以下几种情形的，劳动合同延续至相应的情形消失时终止：（1）从事接触职业病危害作业的劳动者未进行离岗前职业健康检查，或者疑似职业病病人在诊断或者医学观察期间的；（2）在本单位患职业病或者因工负伤并被确认丧失或者部分丧失劳动能力的；（3）患病或者非因工负伤，在规定的医疗期内的；（4）女职工在孕期、产期、哺乳期的；（5）在本单位连续工作满 15 年，且距法定退休年龄不足五年的；（6）法律、行政法规规定的其他情形。换言之，劳动合同会因前述原因自动续延，从司法实践的观点看，对于这种情况，人民法院一般不会支持劳动者要求用人单位支付劳动合同续延期间未签订劳动合同的每月二倍工资赔偿的主张。

上面的案例中，小周与某安保公司的劳动合同期限已经届满，根据《劳动合同法》的规定，原劳动合同已因劳动合同期满终止。当小周继续为用人单位提供劳动时，双方就应当续签劳动合同。现用人单位已经超过一个月未与小周续签书面劳动合同，小周有权依法主张用人单位支付劳动合同续延期间未签订劳动合同的二倍工资的赔偿。

法律条文

《中华人民共和国劳动合同法》

第十条 建立劳动关系，应当订立书面劳动合同。

已建立劳动关系，未同时订立书面劳动合同的，应当自用工之日起一个月内订立书面劳动合同。

用人单位与劳动者在用工前订立劳动合同的，劳动关系自用工之日起建立。

第四十二条 劳动者有下列情形之一的，用人单位不得依照本法第四十条、第四十一条的规定解除劳动合同：

（一）从事接触职业病危害作业的劳动者未进行离岗前职业健康检查，或者疑似职业病病人在诊断或者医学观察期间的；

（二）在本单位患职业病或者因工负伤并被确认丧失或者部分丧失劳动能力的；

（三）患病或者非因工负伤，在规定的医疗期内的；

（四）女职工在孕期、产期、哺乳期的；

（五）在本单位连续工作满十五年，且距法定退休年龄不足五年的；

（六）法律、行政法规规定的其他情形。

第四十五条 劳动合同期满，有本法第四十二条规定情形之一的，劳动合同应当续延至相应的情形消失时终止。但是，本法第四十二条第二项规定丧失或者部分丧失劳动能力劳动者的劳动合同的终止，按照国家有关工伤保险的规定执行。

第八十二条 用人单位自用工之日起超过一个月不满一年未与劳动者订立书面劳动合同的，应当向劳动者每月支付二倍的工资。

用人单位违反本法规定不与劳动者订立无固定期限劳动合同的，自应当订立无固定期限劳动合同之日起向劳动者每月支付二倍的工资。

劳动合同是维护劳动者合法权益的重要武器，劳动者为用人单

位提供劳动时，务必要求用人单位与自己签订书面的劳动合同，以便在发生劳动争议时作为证据使用。不管是成立新的劳动合同关系，还是延续原劳动合同关系，都必须订立书面的劳动合同，用人单位不得以任何理由拒绝或拖延。

27. 倒签或补签劳动合同的，劳动者可以主张未签订书面劳动合同二倍工资差额的赔偿吗？

案例背景

2019 年 10 月，陈某在亲戚的介绍下到江西某工厂上班。经协商，工厂每个月支付陈某 3500 元基本工资，绩效按照公司统一标准计算。工作了 6 个多月后，陈某觉得工厂给的绩效工资太低，而且工作强度太大，自己身体吃不消，遂提出离职。由于双方之前没签劳动合同，工厂也没给陈某缴纳社保，陈某便提出工厂额外支付 2000 元作为补偿的要求。工厂为了息事宁人同意了，但前提是要求陈某先与公司补签一份劳动合同。陈某同意，于是双方签订了一份生效时间为 2019 年 10 月 11 日到 2020 年 10 月 10 日的劳动合同。后陈某觉得自己亏了，又到劳动争议仲裁委员会申请仲裁，请求工厂支付 2019 年 10 月 11 日至离职时未签书面劳动合同的二倍工资和经济补偿金等。

学法有疑

倒签或补签劳动合同的，劳动者可以主张未签订书面劳动合同二倍工资差额的赔偿吗？

法律讲堂

一般情况下，用人单位应自用工之日起一个月之内与劳动者订立书面劳动合同。但现实生活中，不少用人单位为了规避义务而拖延或拒绝订立书面劳动合同。为了逃避支付二倍工资差额的法律责任，用人单位与劳动者补签或倒签劳动合同的情形也比比皆是。所谓补签劳动合同，是指用人单位在用工关系成立之后，与劳动者签订书面劳动合同，但合同上明确的签订日期为实际签订劳动合同的日期；倒签劳动合同，是指用人单位在用工关系成立或结束之后，才与劳动者签订书面劳动合同，合同上明确的日期却往往为用工关系成立之前或成立起一个月之内的日期，而非实际签订劳动合同的日期。也即，从表面上看，用人单位在法定期限内与劳动者签订了书面合同，用人单位不必承担迟延签订书面劳动合同的法律责任。

我国《劳动合同法》第三条第一款规定：“订立劳动合同，应当遵循合法、公平、平等自愿、协商一致、诚实信用的原则。”第二十六条规定：“下列劳动合同无效或者部分无效：（一）以欺诈、胁迫的手段或者乘人之危，使对方在违背真实意思的情况下订立或者变更劳动合同的；……”可见，劳动合同应经过用人单位与劳动者协商一致订立，并应遵循合法、公平、平等、诚信等基本原则，若存在欺诈、胁迫或乘人之危等情形的，劳动合同属于无效或部分无效。倒签或补签的劳动合同也应适用前述规定。对于这个问题，《江西省高级人民法院、江西省人力资源和社会保障厅关于办理劳动争议案件若干问题的解答（试行）》特别进行了明确，根据该解答的意旨，用人单位与劳动者倒签劳动合同的，劳动者不能以劳动合同倒签为由主张未签订书面劳动合同二倍工资差额，除非有证据证明存在欺诈、胁迫情形；而用人单位与劳动者补签劳动合同的，劳动者有权主张实际用工之日至补签前一日扣除一个月订立书面劳动合同宽限期的二倍工资差额。

本案中，陈某与江西某工厂是在协商一致的基础上倒签的劳动合同，并且陈某已经拿到了其主张的补偿款。根据前述规定，在这种情况下，陈某再要求工厂支付未签订书面劳动合同的二倍工资差额的主张是不能得到支持的。

法律条文

《中华人民共和国劳动合同法》

第三条第一款 订立劳动合同，应当遵循合法、公平、平等自愿、协商一致、诚实信用的原则。

第八十二条 用人单位自用工之日起超过一个月不满一年未与劳动者订立书面劳动合同的，应当向劳动者每月支付二倍的工资。

用人单位违反本法规定不与劳动者订立无固定期限劳动合同的，自应当订立无固定期限劳动合同之日起向劳动者每月支付二倍的工资。

《江西省高级人民法院、江西省人力资源和社会保障厅关于办理劳动争议案件若干问题的解答（试行）》

4. 劳动者以劳动合同倒签或补签为由主张未签订书面劳动合同二倍工资差额的，应如何处理？

双方将劳动合同的签字日期倒签在法定期限之内，劳动者以劳动合同倒签为由主张未签订书面劳动合同二倍工资差额的，不予支持。但有证据证明存在欺诈、胁迫情形的除外。

双方补签劳动合同的，劳动者主张实际用工之日至补签前一日扣除一个月订立书面劳动合同宽限期的二倍工资差额，应予支持。

倒签劳动合同对劳动者是非常不利的，面对公司倒签劳动合同的要求，劳动者应理智拒绝。如果公司通过欺诈、胁迫等手段使劳动者违背自己的真实意愿倒签劳动合同的，劳动者应当注意保存证据，以便作为维权的依据。

28. 用人单位单方调整工作岗位，劳动者不服，导致解除劳动合同的，应如何处理？

案例背景

小黄大学毕业之后，顺利进入心仪的物流公司开发部工作。签订劳动合同时，小黄要求公司在劳动合同中明确自己的工作岗位是总公司开发部，公司同意，但同时明确公司有权根据生产经营的需要调整员工岗位。之后，双方签订劳动合同。2020 年 4 月，公司发布通知称，因公司业务发展需要，决定调整部分员工的岗位。其中，小黄被调往了业务部。小黄觉得自己在开发部工作得很好，不想去业务部，没有同意调岗。不久后，所有调岗同事都走完了调岗程序，小黄还是不想去业务部，便向公司提出辞职，并主张经济补偿金。公司未同意小黄支付经济补偿金的请求。

学法有疑

用人单位单方调整工作岗位，劳动者不服，导致解除劳动合同的，应如何处理？

法律讲堂

一般认为，在不违反法律法规规定的前提下，用人单位享有用工自主权，即用人单位可以自主决定是否招录劳动者、如何招录劳动者以及如何安排劳动者的工作岗位而不受政府等部门干预。事实上，保障用人单位的用工自主权可以提高企业生产经营的效力，促进社会经济发展，国家法律政策是予以支持的。

而劳动者入职后，一般就已经明确工作岗位，那么此时，用人单位还能自主调整劳动者的工作岗位吗？在实际工作中，用人单位调整劳动者工作岗位是很常见的事情，从法律层面看，这涉及用人单位的用工自主权和劳动者权益的平衡问题，用人单位随意调整工作岗位的，极有可能侵害劳动者的合法权益。但是，如果调岗行为符合以下情形的，一般认为其在合法行使用工自主权，不视为侵权：（1）调岗符合劳动合同约定或者用人单位规章制度的规定，不违反法律法规规定；（2）用人单位基于生产经营的客观实际需要而调岗，调岗目的不带有侮辱性、歧视性；（3）调整后的工作岗位的劳动待遇水平与原岗位基本相当，但根据《劳动合同法》第四十条第一项和第二项，因劳动者患病或者非因工负伤，在规定的医疗期满后不能从事原工作而被调整岗位，或者因劳动者不能胜任工作而调整岗位的除外。也就是说，如果用人单位的调岗行为同时符合前述情形，就是正当合理的人事安排，劳动者不得依据《劳动合同法》第三十八条的规定主张单方解除劳动合同并要求用人单位支付经济补偿金。

本案中，小黄不同意调岗并主张解除劳动合同、要求公司支付经济补偿金不一定能得到法律的支持。从案情来看，并不能排除公司是在合法行使用工自主权的可能。公司已经声明是为了业务发展需要而进行调岗，而且，双方在劳动合同中已经明确约定公司可以出于生产经营的目的调整员工工作岗位。那么，在公司确实有此种需要，而非因歧视、侮辱等原因调整劳动者岗位，并且劳动者在调岗前后的劳动待遇水平基本一致时，公司的调岗行为是合法的。虽然小黄可以主张解除劳动合同，但是不能要求公司支付经济补偿金。

法律条文

《中华人民共和国劳动合同法》

第三十八条 用人单位有下列情形之一的，劳动者可以解除劳动合同：

（一）未按照劳动合同约定提供劳动保护或者劳动条件的；

（二）未及时足额支付劳动报酬的；

（三）未依法为劳动者缴纳社会保险费的；

（四）用人单位的规章制度违反法律、法规的规定，损害劳动者权益的；

（五）因本法第二十六条第一款规定的情形致使劳动合同无效的；

（六）法律、行政法规规定劳动者可以解除劳动合同的其他情形。

用人单位以暴力、威胁或者非法限制人身自由的手段强迫劳动者劳动的，或者用人单位违章指挥、强令冒险作业危及劳动者人身安全的，劳动者可以立即解除劳动合同，不需事先告知用人单位。

第四十六条 有下列情形之一的，用人单位应当向劳动者支付经济补偿：

（一）劳动者依照本法第三十八条规定解除劳动合同的；

……

一句话说法

用人单位发出调岗通知前一般会征求劳动者意见，如果其直接发布调岗通知，收到通知的劳动者应当及时与公司沟通调岗原因以及调岗后的岗位职责及薪资福利待遇等情况。如果不同意调岗，要主动向公司表达自己的意愿，千万不能既不在原岗位工作，也不到新岗位报到，否则将面临用人单位以劳动者严重违反用人单位规章制度为由单方解除劳动合同的风险。

29. 劳动者未提前通知用人单位而擅自离职的，应如何处理？

案例背景

小宋在一家外贸公司工作两年多了，激烈的办公室斗争日渐消磨了他对这份工作的热情。这一个月以来，小宋几乎每天都想离职，但他手上有个大单子在谈，如果谈成这笔业务，不但公司的营业额可以翻倍，他自己还可以获得不菲的绩效奖励。一日，小宋与同事在工作时产生争议，气不过就离开了公司。第二天一早，小宋通过邮件向公司发了辞职信，随后就再也没去过公司，同事让他办交接手续他也没去。一个月后，小宋接到公司电话，说他擅自离职给公司造成了严重经济损失，让小宋赔偿，如果小宋不赔的话就要起诉他。

学法有疑

劳动者未提前通知用人单位而擅自离职的，应如何处理？

法律讲堂

我国《劳动合同法》第三十七条规定："劳动者提前三十日以书面形式通知用人单位，可以解除劳动合同。劳动者在试用期内提前三日通知用人单位，可以解除劳动合同。"根据该条规定可知，劳动者也有单方解除劳动合同的权利，但是，已转正的劳动者在行使此项权利时，务必注意两点：第一，应提前30日通知用人单位，不得擅自离岗；第二，应通过书面形式通知用人单位，不得以口头、电话等方式离职。如果劳动者单方解除劳动合同时没有做到前述两点，给用人单位造成损失的，就需要承担赔偿责任。对此，《劳动合同法》第九十条明确规定："劳动者违反本法规定解除劳动合同，或者违反劳动合同中约定的保密义务或者竞业限制，给用人单位造成损失的，应当承担赔偿责任。”

在上面的案例中，小宋解除与公司的劳动合同时，未遵守《劳动合同法》第三十七条的规定，也未回应公司要求其办理工作交接手续的要求，属于违反规定解除劳动合同的情形。如果公司有证据证明其行为确实给公司造成了经济损失，则小宋必将面临承担损害赔偿责任的法律风险。

法律条文

《中华人民共和国劳动合同法》

第三十七条 劳动者提前三十日以书面形式通知用人单位，可以解除劳动合同。劳动者在试用期内提前三日通知用人单位，可以解除劳动合同。

第九十条 劳动者违反本法规定解除劳动合同，或者违反劳动合同中约定的保密义务或者竞业限制，给用人单位造成损失的，应当承担赔偿责任。

劳动者可以通过协商的方式解除劳动合同，也可以通过依法行使单方解除权的方式解除劳动合同。在行使单方解除权时，务必要遵守法律规定，切忌“任性”解除。需要注意的是，无论以何种方式解除劳动合同，劳动者都应当办理好工作交接事宜，这既是对公司负责，也是对自己负责。

30. 劳动合同期限已满，而约定的服务期尚未届满的，劳动者是否可以单方向用人单位提出离职？

案例背景

2016年大学毕业后，高小姐进入一家教育机构当英语老师，和公司签订了为期三年的劳动合同。高小姐上课风格活泼，工作认真负责，深受家长和学生的喜爱。工作一年后，公司派高小姐到某高校进行为期半年的培训，更加深入地学习教育技巧，重点栽培高小姐。同时，公司还和高小姐签订了三年的服务期合同。2019年6月，高小姐的劳动合同期限届满，高小姐认为公司已经不能给自己提供更好的学习机会，准备离职。但是公司称高小姐的服务期还未满，不能离职。

学法有疑

劳动合同期限已满，而服务期尚未到期的，劳动者是否可以离职？

法律讲堂

服务期是指用人单位为劳动者提供专项技术培训费用，对劳动者进行专业技术培训后，与劳动者约定在用人单位持续工作的年限。我国《劳动合同法》第二十二条第一款明确规定："用人单位为劳动者提供专项培训费用，对其进行专业技术培训的，可以与该劳动者订立协议，约定服务期。"我国法律允许通过约定服务期的方式，平衡用人单位和劳动者之间的利益，以促进劳动关系的和谐稳定。

同时，根据《劳动合同法》第二十二条第二款、《劳动合同法实施条例》第十七条的规定，除用人单位和劳动者另有约定外，劳动合同期满，服务期尚未到期的，劳动合同应当续延至服务期满。劳动者违反服务期约定的，应当按照约定向用人单位支付违约金。违约金的数额不得超过用人单位提供的培训费用。用人单位要求劳动者支付的违约金不得超过服务期尚未履行部分所应分摊的培训费用。

在上面的案例中，高小姐被公司派到高校进修，与公司约定了三年的服务期。在服务期限未届满的情况下，高小姐和公司的劳动合同应当延续至服务期满，高小姐应当继续履行服务期合同，继续在公司工作。否则，高小姐单方解除劳动合同需要向公司支付违约金，违约金以服务期尚未履行部分所应分摊的培训费用为限。

法律条文

《中华人民共和国劳动合同法》

第二十二条 用人单位为劳动者提供专项培训费用，对其进行专业技术培训的，可以与该劳动者订立协议，约定服务期。

劳动者违反服务期约定的，应当按照约定向用人单位支付违约金。违约金的数额不得超过用人单位提供的培训费用。用人单位要求劳动者支付的违约金不得超过服务期尚未履行部分所应分摊的培训费用。

……

《中华人民共和国劳动合同法实施条例》

第十七条 劳动合同期满，但是用人单位与劳动者依照劳动合同法第二十二条的规定约定的服务期尚未到期的，劳动合同应当续延至服务期满；双方另有约定的，从其约定。

一句话说法

用人单位与劳动者约定服务期限的前提是提供专业培训，这里的专业培训是有严格条件的，并不是所有用人单位提供的培训都可以和劳动者约定服务期限。

31. 疫情期间企业生产经营困难，能与密切接触者解除劳动合同吗？

案例背景

温先生一直在四川省成都市某工厂工作。2020年初，武汉暴发了新冠疫情，温先生在疫情期间，一直遵守国家的管理制度，减少外出，避免人员聚集。3月18日，温先生在国外留学的儿子回家后，被确诊为新冠肺炎，温先生作为密切接触者也被安排进行隔离。隔离后，温先生及时向工厂报告了自己的情况。3月下旬，温先生所在的工厂通知复工，但由于温先生还处在隔离期，不能按时到岗上班，工厂通知温先生暂时不返岗工作。4月1日，温先生接到工厂的通知，称由于受到疫情影响，大批客户取消订货，公司生产经营困难，在和工会协商后，工厂决定裁掉包括温先生在内的30名劳动者。温先生发现，这些被裁的工人基本上都是新冠肺炎的患者、疑似病人、密切接触者。温先生觉得很委屈，自己一直是厂里的先进个人，难道就因为自己被隔离暂时不能上班，公司就可以随便裁掉自己吗？

学法有疑

疫情期间，用人单位能以生产经营困难为由解除与密切接触者之间的劳动合同吗？

法律讲堂

2020年暴发的新冠疫情对经济产生持续的负面影响，给我国企业带来巨大的冲击，一部分企业很有可能因此陷入生产经营困难，甚至破产。在这种情况下，某些企业希望通过裁员来减少人力成本。根据我国《劳动合同法》第四十一条的规定，在企业生产经营发生严重困难的情况下，需要裁减人员 20 人以上或者裁减不足 20 人但占企业职工总数百分之十以上的，用人单位提前 30 日向工会或者全体职工说明情况，听取工会或者职工的意见后，裁减人员方案经向劳动行政部门报告，可以裁减人员。

但是，这次新冠疫情不仅对企业的冲击巨大，对于普通劳动者也产生了很大的影响。为了保障劳动者的合法权益，人力资源社会保障部办公厅在 2020 年 1 月 24 日发出《关于妥善处理新型冠状病毒感染的肺炎疫情防控期间劳动关系问题的通知》，明确对新型冠状病毒感染的肺炎患者、疑似病人、密切接触者在其隔离治疗期间或医学观察期间以及因政府实施隔离措施或采取其他紧急措施导致不能提供正常劳动的企业职工，企业应当支付职工在此期间的工作报酬，并不得依据《劳动合同法》第四十条、第四十一条与职工解除劳动合同。

在上面的案例中，工厂以生产经营困难为由，裁掉受疫情影响不能正常提供劳动的职工，违反了《关于妥善处理新型冠状病毒感染的肺炎疫情防控期间劳动关系问题的通知》，温先生可以先和工厂进行协商，协商不成的，可以向当地劳动仲裁委申请仲裁，维护自己的合法权益。

法律条文

《中华人民共和国劳动合同法》

第四十一条 有下列情形之一，需要裁减人员二十人以上或者裁减不足二十人但占企业职工总数百分之十以上的，用人单位提前三十日向工会或者全体职工说明情况，听取工会或者职工的意见后，裁减人员方案经向劳动行政部门报告，可以裁减人员：

……

（二）生产经营发生严重困难的；

……

《人力资源社会保障部办公厅关于妥善处理新型冠状病毒感染的肺炎疫情防控期间劳动关系问题的通知》

一、对新型冠状病毒感染的肺炎患者、疑似病人、密切接触者在其隔离治疗期间或医学观察期间以及因政府实施隔离措施或采取其他紧急措施导致不能提供正常劳动的企业职工，企业应当支付职工在此期间的工作报酬，并不得依据劳动合同法第四十条、四十一条与职工解除劳动合同。在此期间，劳动合同到期的，分别顺延至职工医疗期期满、医学观察期期满、隔离期期满或者政府采取的紧急措施结束。

劳动者可以关注国家在疫情期间对于劳动者的一些倾斜性保护政策，特别是关于工资发放、劳动合同的解除等与劳动者根本权益密切相关的法律法规以及规章，以做到心中有数。

第3章 薪资待遇

32. 试用期可否收取押金、延迟发放试用期工资?

案例背景

小雯高中毕业后去A超市应聘收银员，超市王经理认为，小雯缺乏社会经验，年纪小不够踏实。约定来超市上班要先交500元押金，在离开超市工作岗位时予以返还；试用期1个月，如果不合格，薪金按当地最低工资标准1640元发放；如果试用合格，每月工资2300元，试用期按正式工资的80%发放，但试用期工资要在转正后的第二个月再发。试用之后，超市决定将小雯留下，但是转正后的第三个月，超市还是没有补发小雯试用期的工资，小雯提出超市不按约定办事，要求超市补发试用期工资，并返还500元押金。超市未积极做出回应。

学法有疑

超市的做法是否合法？小雯提出的要求合理吗？

法律讲堂

我国《劳动合同法》第九条规定："用人单位招用劳动者，不得扣押劳动者的居民身份证和其他证件，不得要求劳动者提供担保或者以其他名义向劳动者收取财物。"企业用工在试用期有诸多顾虑可以理解，但是法律明文规定不得向劳动者收取钱财，A超市向小雯收取押金的做法是违法的，小雯有权要回。

企业应该按时支付给员工工资，我国《劳动法》第五十条规定："工资应当以货币形式按月支付给劳动者本人。不得克扣或者无故拖欠劳动者的工资。"即便是在试用期，小雯也已经与超市确立了劳动关系，公司应当按月发放工资。虽然延迟发放试用期工资最初得到了小雯的同意，劳动合同更多体现双方的自由意志，但是自由约定不得违反法律的禁止性规定，否则无效，因此，超市应当按月发放工资。

法律条文

《中华人民共和国劳动法》

第五十条 工资应当以货币形式按月支付给劳动者本人。不得克扣或者无故拖欠劳动者的工资。

《中华人民共和国劳动合同法》

第九条 用人单位招用劳动者，不得扣押劳动者的居民身份证和其他证件，不得要求劳动者提供担保或者以其他名义向劳动者收取财物。

第八十五条 用人单位有下列情形之一的，由劳动行政部门责令限期支付劳动报酬、加班费或者经济补偿；劳动报酬低于当地最低工资标准的，应当支付其差额部分；逾期不支付的，责令用人单位按应付金额百分之五十以上百分之一百以下的标准向劳动者加付赔偿金：

（一）未按照劳动合同的约定或者国家规定及时足额支付劳动者劳动报酬的；

……

试用期的劳动者与转正后的劳动者所受的法律保护是相当的，虽然法律规定试用期可以给予劳动者较低的薪金待遇，解除合同时可以免去提前通知的程序，但对工作时间、休息休假、工资发放、安全保障等事关劳动者切身利益的保护是等同于转正的劳动者的。

33. 公司制定的工资标准能否低于当地最低工资标准？

案例背景

某咨询公司主要为客户提供财务审计类的咨询服务，因刚创办不久，缺乏稳定的客户来源，公司为解决客源问题，从社会上大量招聘销售人员，给予销售人员基本工资加业务提成的工资。因为担心销售人员不积极主动开拓业务，华某将基本工资定得非常低，仅有800元，而业务提成相对其他同类公司较高，业务收入的30%都作为提成发放给销售人员。华某认为自己的安排很大程度上为公司解决了业务来源问题，同时也能最大限度地减少公司对业绩差的员工的工资支出。然而，根据该工资制度，如果销售人员当月没有业务或者仅谈成一两笔业务，那么当月的工资就达不到当地2000元的最低工资标准。

学法有疑

公司制定的工资标准能否低于当地最低工资标准？

法律讲堂

我国《劳动法》第四十八条规定："国家实行最低工资保障制度。最低工资的具体标准由省、自治区、直辖市人民政府规定，报国务院备案。用人单位支付劳动者的工资不得低于当地最低工资标准。"此外，该法第九十一条还规定："用人单位有下列侵害劳动者合法权益情形之一的，由劳动行政部门责令支付劳动者的工资报酬、经济补偿，并可以责令支付赔偿金：（一）克扣或者无故拖欠劳动者工资的；（二）拒不支付劳动者延长工作时间工资报酬的；（三）低于当地最低工资标准支付劳动者工资的；（四）解除劳动合同后，未依照本法规定给予劳动者经济补偿的。"本案中，根据咨询公司制定的工资标准，若销售员业务量少则不能达到当地的最低工资标准，这便违反了《劳动法》的强制性规定。该咨询公司必须提高其基本工资标准，保证销售人员每月工资能达到当地最低工资标准，否则当地劳动行政部门将责令其按照当地最低工资标准向员工支付剩余部分，甚至责令其支付赔偿金。

法律条文

《中华人民共和国劳动法》

第四十八条 国家实行最低工资保障制度。最低工资的具体标准由省、自治区、直辖市人民政府规定，报国务院备案。

用人单位支付劳动者的工资不得低于当地最低工资标准。

第九十一条 用人单位有下列侵害劳动者合法权益情形之一的，由劳动行政部门责令支付劳动者的工资报酬、经济补偿，并可以责令支付赔偿金：

（一）克扣或者无故拖欠劳动者工资的；

（二）拒不支付劳动者延长工作时间工资报酬的；

（三）低于当地最低工资标准支付劳动者工资的；

（四）解除劳动合同后，未依照本法规定给予劳动者经济补偿的。

一句话说法

由于每个地区的经济发展状况不同，最低工资标准也可能不同，所以国家并没有对最低工资标准作出统一规定。但每个地区的最低工资标准都会由省、自治区、直辖市人民政府制定，并报国务院备案。用人单位的工资自主制定权是有一定的限度的，不是绝对自由的，在制定工资标准时，除了要结合自己的经营现状和经济效益情况等，还要查询当地的最低工资标准，保证发放的工资不低于当地政府制定的最低工资标准。

34. 实际工作地点与单位地址不一致时，应适用哪里的最低工资标准？

案例背景

某智能产品公司是A市的一家著名企业，研发并生产智能穿戴产品，如智能手表、智能手环、智能眼镜等。虽然该公司具有先进的技术和生产设备，但是因为产品太超前，受众不广，所以盈利有限。为了增加利润，公司管理人员研究决定，在其他大中型城市成立销售及体验中心，但不在各地注册新的公司，都是以总公司的名义展开工作。在其他大中型城市成立的销售及体验中心，招聘工作人员准备签订劳动合同时，该公司决定按照总公司所在地A市的最低工资标准制定有关劳动者的工资标准，然而有一些员工对此提出质疑。

学法有疑

实际工作地点与单位地址不一致时，应适用哪里的最低工资标准？

法律讲堂

劳动合同履行地与用人单位注册地不一致时，应当执行劳动合同履行地即实际工作地的标准。我国《劳动合同法实施条例》第十四条规定：“劳动合同履行地与用人单位注册地不一致的，有关劳动者的最低工资标准、劳动保护、劳动条件、职业危害防护和本地区上年度职工月平均工资标准等事项，按照劳动合同履行地的有关规定执行；用人单位注册地的有关标准高于劳动合同履行地的有关标准，且用人单位与劳动者约定按照用人单位注册地的有关规定执行的，从其约定。”本案中，该智能产品公司应当按照员工实际工作地点的标准制定工资标准等相关事项。因为劳动者的实际工作地通常是其生活所在地，为了使劳动者的工资能够满足其在当地的基本生活，就应当根据合同履行地即实际工作地的标准来制定相关事项。

法律条文

《中华人民共和国劳动合同法实施条例》

第十四条 劳动合同履行地与用人单位注册地不一致的，有关劳动者的最低工资标准、劳动保护、劳动条件、职业危害防护和本地区上年度职工月平均工资标准等事项，按照劳动合同履行地的有关规定执行；用人单位注册地的有关标准高于劳动合同履行地的有关标准，且用人单位与劳动者约定按照用人单位注册地的有关规定执行的，从其约定。

实践中，对于员工被派驻到用人单位在异地的办事处、分公司工作的，劳动合同的履行地为异地。当该地的最低工资标准高于用人单位所在地的工资时，员工的工资应执行该地的工资水平；如果该地的最低工资标准低于用人单位所在地的工资时，员工可以和用人单位约定适用用人单位所在地的工资标准。

35. 工厂可以将本厂产品作为工资发放给劳动者吗?

案例背景

某工厂生产加工皮衣，厂里有数十名工人。近期，因产品滞销，工厂亏损严重，资金短缺。工厂老板宣布停止生产，工人回家等候复工的通知。然而，这个月的工人工资还没有发下去，工厂老板就决定将滞销的数千件皮衣作为工资发放给工人，一方面解决库存问题，调动工人的积极性，将皮衣销售出去；另一方面还能解决工人的工资问题。老板将皮衣作为工资发放给员工后，就不断有员工向其进行抱怨，甚至有的员工提出劳动仲裁，要求给付现金工资。

学法有疑

如果工厂老板发放的皮衣价值大于应付工资，将皮衣抵作工资的行为是否合法？

法律讲堂

工厂老板必须以货币形式向员工发放工资，不能将工厂生产的皮衣抵作工资。我国《劳动法》第五十条规定：“工资应当以货币形式按月支付给劳动者本人。不得克扣或者无故拖欠劳动者的工资。”本案中，老板以本工厂生产的产品皮衣抵作工资发放的行为，违反了《劳动法》的规定，即便所发放皮衣价值可能大于应向劳动者支付的工资数额。这种行为在一定程度上损害了员工的合法权益，使员工无法自由支配自己的工资，同时还需要将皮衣卖出变为货币，为此将付出额外的劳动。因此，用人单位发放工资必须以货币形式，否则就违反了法律规定，将承担相应的责任。

法律条文

《中华人民共和国劳动法》

第五十条 工资应当以货币形式按月支付给劳动者本人。不得克扣或者无故拖欠劳动者的工资。

工资应当以货币形式发放给劳动者，这里的货币形式包括现金、银行转账或者现金和银行转账结合。用人单位不得将本公司生产的货品作为工资发放给劳动者，即便所发放物品价值可能大于劳动者应得工资，也不合法。劳动者遇此情形的，可以依法维权。

36. 企业如何执行劳动法规定的同工同酬制度？

案例背景

华某创立了某实业有限公司，公司设立之初向社会进行了大量的招聘，招聘时华某根据公司的需求，对不同职位的人员薪资标准进行相应的区分，同时又将同一职位的薪酬根据人员能力、性别、年龄等不同情况作出了区分。公司员工赵女士入职后，与王先生从事完全相同的工作，而且其工作能力超过王先生，但是每月领取的工资低于王先生。赵女士向公司管理人员询问时，被告知王先生年龄较大，家庭需要更多的支出，公司是出于人性的关怀，才向王先生支付更高一些的工资。但赵女士清楚，根本原因在于自己是女性，且还未生孩子，公司有更多的担忧。

学法有疑

该实业有限公司的做法是否符合同工同酬制度？同工同酬制度该如何落实？

法律讲堂

上述案例中的企业做法不符合同工同酬的制度规定。我国《劳动法》第四十六条规定："工资分配应当遵循按劳分配原则，实行同工同酬……"同工同酬是指用人单位对于技术和劳动熟练程度等各方面均相同的劳动者在从事同种工作时，不分性别等差别，只要提供相同的劳动，就应该获得相同的劳动报酬。同时，我国《劳动合同法》第十一条规定："用人单位未在用工的同时订立书面劳动合同，与劳动者约定的劳动报酬不明确的，新招用的劳动者的劳动报酬按照集体合同规定的标准执行；没有集体合同或者集体合同未规定的，实行同工同酬。"此规定解决了未签订书面劳动合同或约定劳动报酬不明确的情况下，应当实行同工同酬的问题。本案中，该实业公司的做法是不正确的，用人单位在为劳动者发放工资时应当执行同工同酬的标准，不能因性别差异及其他不合理原因区别对待相同岗位的劳动者。

法律条文

《中华人民共和国劳动法》

第四十六条第一款 工资分配应当遵循按劳分配原则，实行同工同酬。

《中华人民共和国劳动合同法》

第十一条 用人单位未在用工的同时订立书面劳动合同，与劳动者约定的劳动报酬不明确的，新招用的劳动者的劳动报酬按照集体合同规定的标准执行；没有集体合同或者集体合同未规定的，实行同工同酬。

同工同酬制度需要落实，但并不代表必须做到全部公司员工都按统一金额发放工资。公司可以制定合理的工资标准，根据合理的事由提高或降低员工应发工资。例如，根据员工工作技能进行等级考核，技能熟练的员工可以适当提高工资，再者还可以考虑工作年限、完成的工作量、对公司作出的特别贡献等不同因素，具体考量工资标准。但是，因劳动者在工作中的地位是平等的，与工作相关的各方面条件均相同的劳动者，不能因年龄、性别等原因而被用人单位差别对待。

37. 企业不允许再婚的员工休婚假的行为合法吗？

案例背景

杜某是某箱包制造公司销售部的一名员工，他在该公司已经工作了近10年。在3年前，杜某因与妻子感情不和而离婚。后来，经人介绍，杜某认识了秦某。2018年5月，二人办理了结婚登记手续，之后杜某向公司提出婚假申请，称其要回老家办婚礼。然而，该企业人事部门经理认为，杜某现在是再婚，而婚假只能享受一次，再婚就不能享受婚假了，因此便没有批准杜某的婚假申请。杜某非常气愤，认为公司这种做法是不合理的。为此，杜某准备向当地的劳动行政部门举报该公司的行为。

学法有疑

企业不允许再婚的员工休婚假的行为合法吗？

法律讲堂

企业不允许再婚的员工休婚假的行为是违法的。我国《劳动法》第五十一条规定："劳动者在法定休假日和婚丧假期间以及依法参加社会活动期间，用人单位应当依法支付工资。"对此，我国劳动和社会保障部办公厅发布的《关于对再婚职工婚假问题的复函》中也明确答复：根据婚姻法①和国家有关职工婚丧假的规定精神，再婚者与初婚者的法律地位相同，用人单位对再婚职工应当参照国家有关规定给予同初婚一样的婚假待遇。据此可知，即使员工再婚，企业也应当批准其婚假。在本案中，箱包制造公司的行为是违法的，即便杜某是再婚，公司也应该对其给予同初婚一样的婚假待遇。

法律条文

《中华人民共和国劳动法》

第五十一条 劳动者在法定休假日和婚丧假期间以及依法参加社会活动期间，用人单位应当依法支付工资。

《劳动和社会保障部办公厅关于对再婚职工婚假问题的复函》

根据《中华人民共和国婚姻法》② 和国家有关职工婚丧假的规定精神，再婚者与初婚者的法律地位相同，用人单位对再婚职工应当参照国家有关规定，给予同初婚职工一样的婚假待遇。

每位劳动者都享有婚姻自主权，再婚的职工也与初婚职工一样有权享受婚假待遇。再婚职工要求婚假时，企业应当依法为再婚职工安排婚假，不能因职工是再婚就剥夺其享受婚假的权利。

---

① 现为《中华人民共和国民法典》。

② 现为《中华人民共和国民法典》。

38. 企业可以任意规定员工的加班时间吗?

案例背景

某市有一家专门生产熟食的企业，2018 年春节前，该公司接到了很多超市的订单。由于该公司的规模比较小，公司的员工人数也比较少，为了能够按时完成订单，熟食公司决定让员工每天加班 4 个小时。该公司的员工在接到加班通知后，都非常反对，认为加班的时间过长。得知员工的反映后，该公司负责人事的工作人员称公司这种随便规定加班时间的行为是不符合法律规定的，遂向公司提出要按照法律规定确定加班时间，否则很可能会引起不必要的麻烦。可是，该公司的经理却坚持认为随意规定加班时间是公司的权利，只要支付加班费就可以了。

学法有疑

企业可以任意规定员工的加班时间吗？

法律讲堂

用人单位不能随意规定员工的加班时间，关于企业员工的加班时间的限制，我国《劳动法》第四十一条规定：“用人单位由于生产经营需要，经与工会和劳动者协商后可以延长工作时间，一般每日不得超过一小时；因特殊原因需要延长工作时间的，在保障劳动者身体健康的条件下延长工作时间每日不得超过三小时，但是每月不得超过三十六小时。”同时，该法第四十二条规定，当出现自然灾害、事故等几种特殊情况时，延长工作时间不受本法规定的限制。可见，用人单位不能让劳动者加班超过法律规定的限度。本案中，在并无法律规定的特殊情况下，熟食公司随意规定员工加班时间的做法是违法的，加班时间不能超过法律规定的限度。

法律条文

《中华人民共和国劳动法》

第四十一条 用人单位由于生产经营需要，经与工会和劳动者协商后可以延长工作时间，一般每日不得超过一小时；因特殊原因需要延长工作时间的，在保障劳动者身体健康的条件下延长工作时间每日不得超过三小时，但是每月不得超过三十六小时。

第四十二条 有下列情形之一的，延长工作时间不受本法第四十一条规定的限制：

（一）发生自然灾害、事故或者因其他原因，威胁劳动者生命健康和财产安全，需要紧急处理的；

（二）生产设备、交通运输线路、公共设施发生故障，影响生产和公众利益，必须及时抢修的；

（三）法律、行政法规规定的其他情形。

一句话说法

企业在给员工规定加班时间时，不仅要征询劳动者的意愿，还必须结合劳动者的身体健康等情况，延长的工作时间不能超过法律规定的限度，并且要向员工支付相应的加班费。劳动者遭遇强行加班时，要懂得依法维权。

39. 实行综合计算工时制的企业，是否可以随意安排员工加班且不支付加班费？

案例背景

高某是某航空公司的一名工作人员，由于航空公司特殊的工作性质，高某在公司工作的工时是实行综合计算方法的。一天，该航空公司的经理称，由于最近航班增加且有的工作人员请假，希望高某加班。在收到公司的通知后，高某答应了公司的加班要求。但是，高某在连续加班一个星期后，航空公司都没有向她支付加班费。于是，高某向公司的人事部门咨询，该公司称，因为他们是实行综合计算工时的企业，所以，企业享有随意安排员工的工作时间且不支付加班费的权利。

学法有疑

实行综合计算工时制的企业是否可以随意安排员工加班且不支付加班费？

法律讲堂

《关于贯彻执行〈中华人民共和国劳动法〉若干问题的意见》第六十条规定，实行每天不超过 8 小时，每周不超过 44 小时或 40 小时标准工作时间制度的企业，以及经批准实行综合计算工时工作制的企业，应当按照劳动法的规定支付劳动者延长工作时间的工资报酬。据此可知，如果综合计算工作时间超过上述法定标准工作时间的部分，应视为延长工作时间，应当支付劳动者延长工作时间的工资报酬。在本案中，即使航空公司按照综合计算的方法计算工时，也无权随意安排员工加班且不支付加班费，航空公司应当向高某支付相应的加班费。

法律条文

《关于贯彻执行〈中华人民共和国劳动法〉若干问题的意见》

60. 实行每天不超过8小时，每周不超过44小时或40小时标准工作时间制度的企业，以及经批准实行综合计算工时工作制的企业，应当按照劳动法的规定支付劳动者延长工作时间的工资报酬。全体职工已实行劳动合同制度的企业，一般管理人员（实行不定时工作制人员除外）经批准延长工作时间的，可以支付延长工作时间的工资报酬。

《国务院关于职工工作时间的规定》

第五条 因工作性质或者生产特点的限制，不能实行每日工作8小时、每周工作40小时标准工时制度的，按照国家有关规定，可以实行其他工作和休息办法。

一句话说法

在实际生活中，有的企业因其特殊的行业性质实行综合计算工时制，对于实行不定时工作制和综合计算工时工作制等其他工作和休息办法的职工，企业应当采用集中工作、集中休息、轮休调休、弹性工作时间等适当方式，确保职工的身体健康和休息休假的权利，进而也保障企业生产、工作任务的顺利完成。但是，不管企业实行何种工时制，只要员工工作的时间超过法定标准的，就应该按照法律规定支付员工加班的工资报酬。

40. 加班工资基数应如何认定?

案例背景

黄阿姨在某公司做后勤工作已经有七八年了，她虽然十分喜欢这份工作，最近却想离职了。起因是她发现公司给她发放的工资总是和自己估算的出入很大。近期公司订单多，好多人都在加班，黄阿姨也不例外。但是工资条上的加班工资一栏却写得很模糊，黄阿姨感觉不是像往常一样按基本工资计算的加班工资。她和同事核对了一下，发现好几位同事都觉得加班费的计算有问题。黄阿姨到财务处去问才知道，这几个月的加班工资都是按当地的最低工资标准为基数计算的，由于太忙，公司没来得及跟员工说。黄阿姨觉得很荒谬，因为劳动合同上明明写的是按照劳动者的岗位基本工资计算加班工资，如果以最低工资标准计算加班费，自己要少领很多钱。但是，黄阿姨也不知道到底应该按哪个标准计算加班工资。

学法有疑

加班工资的基数应如何确定？用人单位可以随意调整加班工资的计算基数吗？

法律讲堂

加班工资是劳动者在规定工作时间之外继续提供劳动而应获得的报酬。我国《劳动合同法》第三十一条明确规定，用人单位延长工作时间，安排劳动者加班的，应当依法向劳动者支付加班费。由于现行法并未明确规定加班工资的计算基数，很多公司为了降低用工成本随意计算职工的加班工资，进而引发双方之间的劳动争议。司法实践中，加班费的计算规则一般是根据劳动合同的约定确定；如果劳动合同没有明确约定的，则可按照集体合同中的有关约定确定；如果劳动合同和集体合同都未约定的，通常按照劳动者本人正常劳动应得的工资（在正常工作时间的工资）确定，同时，加班工资基数不得低于当地的最低工资标准，如果劳动者正常工作时间的工资低于最低工资标准，则以最低工资标准为加班工资计算基数。《北京市工资支付规定》《辽宁省工资支付规定》都有类似规定，人民法院的判决也多如此。2020 年5 月，《江西省高级人民法院、江西省人力资源和社会保障厅关于办理劳动争议案件若干问题的解答(试行)》对此进行了明确规定，即双方当事人对工资构成和工作时间有明确约定的，从其约定。双方当事人对工资构成和工作时间约定不明确的，按实际发放工资中的正常工作时间工资作为加班工资的计算基数。如果劳动者正常工作时间的工资低于当地最低工资标准的，以当地最低工资标准为计算基数。

前述案例中，既然黄阿姨与公司签订的劳动合同中已经明确约定加班工资以劳动者的岗位基本工资为计算基数，公司就应当按照劳动合同的约定全面履行支付加班费的义务，不得随意调整加班工资计算基数。公司的行为已经侵害了员工的合法权益，黄阿姨等人可通过协商、申请仲裁等方式要求公司补足加班费。

法律条文

《中华人民共和国劳动合同法》

第三十一条 用人单位应当严格执行劳动定额标准，不得强迫或者变相强迫劳动者加班。用人单位安排加班的，应当按照国家有关规定向劳动者支付加班费。

《北京市工资支付规定》

第四十四条 根据本规定第十四条计算加班工资的日或者小时工资基数、根据第十九条支付劳动者休假期间工资，以及根据第二十三条第一款支付劳动者产假、计划生育手术假期间工资，应当按照下列原则确定：

（一）按照劳动合同约定的劳动者本人工资标准确定；

（二）劳动合同没有约定的，按照集体合同约定的加班工资基数以及休假期间工资标准确定；

（三）劳动合同、集体合同均未约定的，按照劳动者本人正常劳动应得的工资确定。

依照前款确定的加班工资基数以及各种假期工资不得低于本市规定的最低工资标准。

《辽宁省工资支付规定》

第二十二条 计算加班工资的日或者小时工资基数和休假期间的工资，应当按照劳动合同中约定的劳动者本人工资标准确定；劳动合同没有约定的，按照集体合同约定的加班工资基数以及休假期间工资标准确定；劳动合同、集体合同均未约定的，按照劳动者本人正常工作应得的工资确定。

依照前款规定确定的加班工资基数以及假期工资，不得低于当地最低工资标准。

《江西省高级人民法院、江西省人力资源和社会保障厅关于办理劳动争议案件若干问题的解答（试行）》

12. 加班工资基数应如何认定？

双方当事人对工资构成和工作时间有明确约定的，从其约定。劳动者正常工作时间的工资低于当地最低工资标准的，以当地最低工资标准为计算基数。

双方当事人对工资构成和工作时间约定不明确，按实际发放工资中的正常工作时间工资作为加班工资的计算基数。折算后的正常工作时间工资低于当地最低工资标准的，以当地最低工资标准为计算基数。

目前，我国现行法未对加班工资的计算基数作统一规定，各个地区的规定也因省情等因素存在差异，建议劳动者在与公司签订劳动合同时，务必在合同中明确工作时间和加班工资的计算基数。如果公司拒绝支付加班工资或擅自更改加班工资的计算基数和方式的，要注意保留上班记录、劳动合同等证据，用法律武器维护自己的合法权益。

41. 工伤职工在停工留薪期内的工资如何确定?

案例背景

赵某在某设计公司上班。一日，赵某出外勤勘察工地时，不慎在工地摔伤，被认定为工伤。根据医嘱，赵某至少需要休息3个月才能重新回到工作岗位。和公司商量之后，赵某决定办理停工留薪留职，待自己完全恢复后再回去上班。赵某和公司同事做好项目交接后就回老家养病了。停工留薪第二个月，赵某发现自己工资卡只到账2000余元，连自己正常工资的五分之一都不到。后经与人力和财务部门沟通才知道，公司给停工留薪的人发的工资是按当地最低工资标准计算的。

学法有疑

因工受伤的职工在停工留薪期内的工资如何确定？

法律讲堂

我国《工伤保险条例》第三十三条规定："职工因工作遭受事故伤害或者患职业病需要暂停工作接受工伤医疗的，在停工留薪期内，原工资福利待遇不变，由所在单位按月支付。停工留薪期一般不超过12个月。伤情严重或者情况特殊，经设区的市级劳动能力鉴定委员会确认，可以适当延长，但延长不得超过12个月。工伤职工评定伤残等级后，停发原待遇，按照本章的有关规定享受伤残待遇。工伤职工在停工留薪期满后仍需治疗的，继续享受工伤医疗待遇。生活不能自理的工伤职工在停工留薪期需要护理的，由所在单位负责。"根据该规定可知，因工伤停工留薪期间，用人单位仍应按照工伤职工原工资福利待遇支付其工资及福利待遇，不得降低工伤职工的工资、福利标准。而该条规定中的原工资是指工伤职工遭受工伤前12个月的平均月工资，当然，这是一种工资福利待遇补贴，因工伤职工并没有参与劳动，所以并不包括加班工资。

本案中，赵某因工负伤且与公司协商一致办理了停工留薪留职，在此期间内，其工资福利待遇是不变的，公司应按照赵某受工伤之前12个月的月平均工资给赵某计算工资，不能按照当地最低工资标准计算。对此，赵某可以与公司协商，必要时，可以申请劳动争议仲裁。

法律条文

《工伤保险条例》

第三十三条 职工因工作遭受事故伤害或者患职业病需要暂停工作接受工伤医疗的，在停工留薪期内，原工资福利待遇不变，由所在单位按月支付。

停工留薪期一般不超过12个月。伤情严重或者情况特殊，经设区的市级劳动能力鉴定委员会确认，可以适当延长，但延长不得超过12个月。工伤职工评定伤残等级后，停发原待遇，按照本章的有关规定享受伤残待遇。工伤职工在停工留薪期满后仍需治疗的，继续享受工伤医疗待遇。

生活不能自理的工伤职工在停工留薪期需要护理的，由所在单位负责。

第六十四条 本条例所称工资总额，是指用人单位直接支付给本单位全部职工的劳动报酬总额。

本条例所称本人工资，是指工伤职工因工作遭受事故伤害或者患职业病前12个月平均月缴费工资。本人工资高于统筹地区职工平均工资300%的，按照统筹地区职工平均工资的300%计算；本人工资低于统筹地区职工平均工资60%的，按照统筹地区职工平均工资的60%计算。

劳动者因工负伤，处在停工留薪期的，用人单位仍应按照原工资福利待遇支付劳动者停工留薪期间工资。如果劳动者因工伤导致生活不能自理，需要聘请护理人员的，其所在单位应当负责安排护理人员或支付护理费。停工留薪期内，劳动者的合法权益也需要保护，用人单位不得因此克扣劳动者工资或福利待遇。

42. 用人单位安排劳动者休息日加班后安排了补休，劳动者拒绝补休的，用人单位能否免除支付加班费义务?

案例背景

黄某在某广告公司上班。2019 年 11 月，该公司安排黄某所在的部门连续加班三周，而且每次加班都是在周末。黄某本来想着在工作日加班，奈何大家都同意在休息日加班，遂不得不与同事一起。12 月的例会上，部门领导先是表扬了前段时间辛苦加班的黄某等人，接下来又表示他们可以轮流补休。黄某和同事对此有不同意见，希望公司用加班费代替补休。领导认为这不符合规定，没有同意黄某等人的意见。

学法有疑

用人单位安排劳动者休息日加班后安排了补休，劳动者拒绝补休的，用人单位能否免除支付加班费的义务？

法律讲堂

我国《劳动法》第四十四条规定："有下列情形之一的，用人单位应当按照下列标准支付高于劳动者正常工作时间工资的工资报酬：（一）安排劳动者延长工作时间的，支付不低于工资的百分之一百五十的工资报酬；（二）休息日安排劳动者工作又不能安排补休的，支付不低于工资的百分之二百的工资报酬；（三）法定休假日安排劳动者工作的，支付不低于工资的百分之三百的工资报酬。"根据该规定第二项可知，如果用人单位安排劳动者在休息日加班的，应当首先安排补休；不能安排补休时，应向劳动者支付不低于工资的百分之二百的加班工资。可见，为了保护劳动者的休息权，补休和加班费之间存在确定的顺位，仅在用人单位无法安排补休时，才能通过加班费的方式补偿劳动者。如果劳动者拒绝补休，是对自己休息权的放弃，用人单位不再负有补偿或赔偿责任。

在上面的案例中，公司安排黄某等人在休息日加班之后，安排黄某等人补休的做法是正确的。黄某等人不能主张以加班费代替补休。如果其拒绝补休的，也不能再要求公司支付加班费。

法律条文

《中华人民共和国劳动法》

第四十四条 有下列情形之一的，用人单位应当按照下列标准支付高于劳动者正常工作时间工资的工资报酬：

（一）安排劳动者延长工作时间的，支付不低于工资的百分之一百五十的工资报酬；

（二）休息日安排劳动者工作又不能安排补休的，支付不低于工资的百分之二百的工资报酬；

（三）法定休假日安排劳动者工作的，支付不低于工资的百分之三百的工资报酬。

《中华人民共和国宪法》

第四十三条 中华人民共和国劳动者有休息的权利。

国家发展劳动者休息和休养的设施，规定职工的工作时间和休假制度。

一句话说法

根据我国《宪法》的规定，劳动者享有休息休假的权利。当用人单位安排劳动者在休息日加班时，应首先安排补休，保证劳动者的休息权，仅在不能安排补休时，用人单位才应通过支付加班费对劳动者予以补偿，劳动者在此事上没有选择权。

第 4 章 诚信纳税

43. 我国个人所得税的税率是多少？

案例背景

苏某某是一名刚毕业的硕士研究生，他通过校园招聘到一家国有企业上班，工资每月 8000 元。苏某某领到第一个月工资的时候，发现自己的工资中除了被扣除个人应当承担的社保费用外，还扣除了个人所得税。同事告诉他，只要工资超过 5000 元就要缴纳个人所得税，并且，以后挣得多了，缴纳所得税所依据的税率也会相应提高，苏某某现在缴纳所得税所依据的税率应该是最低的。苏某某想知道，个人所得税的税率是多少。

学法有疑

我国个人所得税的税率是多少？

法律讲堂

个人所得税的税率，指的是“个人所得税税额”与“应纳税所得额”之间的比例，这部分比例是由国家相应的法律法规直接规定的，它是在综合考量我国居民收入的基础上形成的。根据我国《个人所得税法》第三条的规定，个人所得税税率按照如下规则计算：

（一）综合所得，适用 3% 至 45% 的超额累进税率（见第 98 页个人所得税税率表一）；

（二）经营所得，适用 5% 至 35% 的超额累进税率（见第 99 页个人所得税税率表二）；

（三）利息、股息、红利所得，财产租赁所得，财产转让所得和偶然所得，适用比例税率，税率为20%。

在上面的案例中，苏某某每月的工资为8000元，一年收入为96000元，每月收入额减除费用5000元后的余额3000为应纳税所得额。也就是说，其一年的工资综合所得为36000元，按照个人所得税税率表一（综合所得适用）的规定，属于“不超过36000元”一档，应按照3%缴纳个人所得税。当然，如果苏某某还有其他收入，比如奖金等，还要相应地缴纳个人所得税。一般来说，我们每个人都会在一年结束后，进行个人所得税的汇算清缴，来实际结清应缴纳的个人所得税。

法律条文

《中华人民共和国个人所得税法》

第三条 个人所得税的税率：

（一）综合所得，适用百分之三至百分之四十五的超额累进税率（税率表附后）；

（二）经营所得，适用百分之五至百分之三十五的超额累进税率（税率表附后）；

（三）利息、股息、红利所得，财产租赁所得，财产转让所得和偶然所得，适用比例税率，税率为百分之二十。

第二十二条 本法自公布之日起施行。

个人所得税税率表一（综合所得适用）

级数	全年应纳税所得额	税率（%）
1	不超过36000元的	3
2	超过36000元至144000元的部分	10
3	超过144000元至300000元的部分	20
4	超过300000元至420000元的部分	25
5	超过420000元至660000元的部分	30
6	超过660000元至960000元的部分	35
7	超过960000元的部分	45

注 1：本表所称全年应纳税所得额是指依照《个人所得税法》第六条的规定，居民个人取得综合所得以每一纳税年度收入额减除费用六万元以及专项扣除、专项附加扣除和依法确定的其他扣除后的余额。

注 2：非居民个人取得工资、薪金所得，劳务报酬所得，稿酬所得和特许权使用费所得，依照本表按月换算后计算应纳税额。

个人所得税税率表二（经营所得适用）

级数	全年应纳税所得额	税率（%）
1	不超过 30000 元的	5
2	超过 30000 元至 90000 元的部分	10
3	超过 90000 元至 300000 元的部分	20
4	超过 300000 元至 500000 元的部分	30
5	超过 500000 元的部分	35

注：本表所称全年应纳税所得额是指依照《个人所得税法》第六条的规定，以每一纳税年度的收入总额减除成本、费用以及损失后的余额。

依法纳税是每个公民的义务，我们要及时了解个人所得税的最新信息，积极地配合当地税务机关，根据自己的收入情况依法进行纳税申报，否则，极有可能缴纳错误的税款金额，造成不必要的困扰。

44. 如果员工有两项以上所得时，如何计算个人所得税？

案例背景

小赵是某外企的财务经理，工作勤勤恳恳，经常加班。2018 年，公司和他续签劳动合同，还涨了工资，现在每个月工资为 15000 元。2019 年，小赵想要和自己青梅竹马的女友结婚。小赵的父母考虑到他才开始打拼事业，短时间内难以赚到足够的钱买房，于是出钱为小赵在公司附近购买了一套三室一厅的房子。父母已经为小赵出钱买了房子，小赵不想再找父母要结婚所需的钱，于是决定先将房子出租，凑钱准备结婚。小赵顺利地找到了合适的租客，约定租金为每月 5000 元。小赵获得了两项以上的收入，应该如何来计算他的个人所得税呢？

学法有疑

如果劳动者有两项以上所得时，如何计算个人所得税？

法律讲堂

根据《个人所得税法》第二条的规定，如果纳税人取得了工资、薪金所得，劳务报酬所得，稿酬所得，特许权使用费所得等两项以上收入时，应当按纳税年度合并计算个人所得税。如果纳税人取得经营所得，利息、股息、红利所得，财产租赁所得，财产转让所得，偶然所得等两项以上收入时，应当分别计算个人所得税。

具体到这个案例，小赵为了能够筹钱结婚，在自己正常上班的情况下，将房屋租赁出去，这部分收入属于财产租赁所得，应当和他的工资按项分别计算个人所得税。

法律条文

《中华人民共和国个人所得税法》

第二条 下列各项个人所得，应当缴纳个人所得税：

（一）工资、薪金所得；

（二）劳务报酬所得；

（三）稿酬所得；

（四）特许权使用费所得；

（五）经营所得；

（六）利息、股息、红利所得；

（七）财产租赁所得；

（八）财产转让所得；

（九）偶然所得。

居民个人取得前款第一项至第四项所得（以下称综合所得），按纳税年度合并计算个人所得税；非居民个人取得前款第一项至第四项所得，按月或者按次分项计算个人所得税。纳税人取得前款第五项至第九项所得，依照本法规定分别计算个人所得税。

一句话说法

当我们取得两项以上收入时，应当明确自己各项收入的来源，从而使用不同的方法计算个人所得税，避免出现计算错误。

45. 员工的高温补贴需要缴纳个人所得税吗?

案例背景

2019 年 3 月，老王应聘到某空调公司从事空调安装工作。到了 7 月，天气逐渐炎热，每天的气温都在 38 摄氏度左右。随着气温的增高，公司空调的销量也不断攀升，老王的工作越来越忙，基本上每天都在外奔波，十分辛苦。公司为了安抚人心，承诺给空调安装师傅每天 30 元的高温补贴费用。到了 8 月，老王拿到上个月工资的时候，发现公司把高温补贴算进了工资，也扣除了个人所得税。

学法有疑

员工的高温补贴需要缴纳个人所得税吗?

法律讲堂

根据《个人所得税法实施条例》第六条的规定，工资薪金中包括了与任职有关的津贴、补贴。虽然《个人所得税法》第四条规定“按照国家统一规定发给的补贴、津贴免征个人所得税”，但是,《个人所得税法实施条例》第十条规定：“个人所得税法第四条第一款第三项所称按照国家统一规定发给的补贴、津贴，是指按照国务院规定发给的政府特殊津贴、院士津贴，以及国务院规定免予缴纳个人所得税的其他补贴、津贴。”因此，企业发放给员工的高温补贴不在上述免征范围内，即企业发放给员工的高温补贴应当计入工资薪金中，一并计算并扣除个人所得税。

具体到上述案例中，公司给老王发放的高温补贴不属于法律规定予以免征个人所得税的补贴、津贴，而属于工资、薪金的范畴，公司将高温补贴算进工资，扣除个人所得税的做法是合法的。

法律条文

《中华人民共和国个人所得税法》

第四条 下列各项个人所得，免征个人所得税：

（一）省级人民政府、国务院部委和中国人民解放军军以上单位，以及外国组织、国际组织颁发的科学、教育、技术、文化、卫生、体育、环境保护等方面的奖金；

（二）国债和国家发行的金融债券利息；

（三）按照国家统一规定发给的补贴、津贴；

……

《中华人民共和国个人所得税法实施条例》

第六条 个人所得税法规定的各项个人所得的范围：

（一）工资、薪金所得，是指个人因任职或者受雇取得的工资、薪金、奖金、年终加薪、劳动分红、津贴、补贴以及与任职或者受雇有关的其他所得。

……

第十条 个人所得税法第四条第一款第三项所称按照国家统一规定发给的补贴、津贴，是指按照国务院规定发给的政府特殊津贴、院士津贴，以及国务院规定免予缴纳个人所得税的其他补贴、津贴。

一句话说法

对于普通劳动者而言，用人单位发放的工资中除了基础工资外，还包括各种补贴、奖金、津贴等，这就需要我们了解个人所得税法的相关规定，知道哪些属于“工资、薪金”，需要缴纳个人所得税，哪些属于免征或减征的补贴、津贴，以免出现计算错误。

46. 哪些情况下居民可以减征个人所得税？

案例背景

小张的爸爸是一名警察，在小张14岁的时候，小张的爸爸因执行反恐任务光荣牺牲，被当地政府追认为烈士。虽然爸爸牺牲了，但是小张的妈妈为了抚养小张长大，想尽办法赚钱供小张读书。转眼间，小张已经上高中了，小张妈妈为了在赚钱的同时能照顾小张，在小张学校外面开了一家奶茶店。听学校老师介绍，烈属可以减征个人所得税。

学法有疑

哪些情况下居民可以减征个人所得税？

法律讲堂

根据我国《个人所得税法》第五条的规定，有下列情形之一的，可以减征个人所得税：（1）残疾、孤老人员和烈属的所得；（2）因自然灾害遭受重大损失的；（3）国务院规定的其他减税情形。也就是说，烈属属于上述可以减征个人所得税的主体。值得注意的是，根据《个人所得税法》第五条的规定，减征的具体幅度和期限，由省、自治区、直辖市人民政府规定，并报同级人民代表大会常务委员会备案。

在本案中，小张的爸爸被当地政府追认为烈士，小张的妈妈是烈属，如果她经营的奶茶店的收入符合缴纳个人所得税的条件，经过批准可以减征个人所得税。

法律条文

《中华人民共和国个人所得税法》

第五条 有下列情形之一的，可以减征个人所得税，具体幅度和期限，由省、自治区、直辖市人民政府规定，并报同级人民代表大会常务委员会备案：

（一）残疾、孤老人员和烈属的所得；

（二）因自然灾害遭受重大损失的。

国务院可以规定其他减税情形，报全国人民代表大会常务委员会备案。

在我国，不仅仅是烈属可以享受税收优惠，残疾、孤老人员和因自然灾害遭受重大损失的人员也可以减征个人所得税，因此，我们有必要深入了解我国的税收优惠政策，及时进行申报。

47. 加班费需要缴纳个人所得税吗？

案例背景

小李大学毕业后，进入一家创业公司担任法务。公司发展势头良好，得到了市场的认可，获得了融资。在融资期间，小李的工作量骤增，经常加班。公司为了激励员工努力工作，犒劳员工，提高了加班费的计算标准。发工资的时候，小李发现公司将加班费也计入了工资中，扣除了个人所得税。

学法有疑

加班费需要缴纳个人所得税吗？

法律讲堂

根据我国《个人所得税法》第二条的规定，工资、薪金所得应当缴纳个人所得税。那么哪些收入应当被界定为“工资、薪金”的范畴呢？我国《个人所得税法实施条例》第六条给出了明确规定，“工资、薪金所得，是指个人因任职或者受雇取得的工资、薪金、奖金、年终加薪、劳动分红、津贴、补贴以及与任职或者受雇有关的其他所得”。即凡是与任职或者受雇有关的所得均应当被认定为工资、薪金所得。职工加班费是以职工受聘，并在企业中为了顺利完成工作任务而延长工作时间所得的报酬，理所当然属于“与任职有关的所得”，所以属于缴纳个人所得税的范围。在本案中，公司将小李的加班费计算到工资中，代扣代缴个人所得税的行为并无不当。

法律条文

《中华人民共和国个人所得税法》

第二条 下列各项个人所得，应当缴纳个人所得税：

（一）工资、薪金所得；

……

《中华人民共和国个人所得税法实施条例》

第六条 个人所得税法规定的各项个人所得的范围：

（一）工资、薪金所得，是指个人因任职或者受雇取得的工资、薪金、奖金、年终加薪、劳动分红、津贴、补贴以及与任职或者受雇有关的其他所得。

……

不仅仅是加班工资，劳动者的奖金、年终奖、劳动分红等其他与任职或者受雇有关的所得都将计入“工资、薪金所得”扣除个人所得税。

48. 退休人员被返聘取得的收入属于应纳个人所得税范围吗?

案例背景

严医生某三甲医院呼吸内科主任，在医院兢兢业业工作了30多年，不仅医术精湛，而且非常关心病人，与病人们的关系也很好。2019年5月，严医生正式退休。一方面，医院还需要严医生这样医术精湛的医生治病救人；另一方面，严医生也非常舍不得离开医院。于是，医院经过讨论，决定返聘严医生，并和严医生签订了五年的返聘合同，约定严医生享受和其他正式医生同等的福利待遇，参与职务晋升，因事假等原因不能看病时也享受医院发放的基本工资。

学法有疑

严医生退休后被医院返聘所取得的收入，还需要缴纳个人所得税吗?

法律讲堂

根据《国家税务总局关于个人兼职和退休人员再任职取得收入如何计算征收个人所得税问题的批复》和《国家税务总局关于离退休人员再任职界定问题的批复》的规定，当退休人员再任职，同时符合下列条件时，所取得的收入在减除按个人所得税法规定的费用扣除标准后，按“工资、薪金所得”应税项目缴纳个人所得税：（1）受雇人员与用人单位签订一年以上（含一年）劳动合同（协议），存在长期或连续的雇用与被雇用关系；（2）受雇人员因事假、病假、休假等原因不能正常出勤时，仍享受固定或基本工资收入；（3）受雇人员与单位其他正式职工享受同等福利、社保、培训及其他待遇；（4）受雇人员的职务晋升、职称评定等工作由用人单位负责组织。

在本案中，严医生和医院签订了五年的返聘合同，严医生享受和其他医生同等的福利待遇，参与职务晋升，因事假不能看病时也享受医院发放的基本工资，符合上述退休人员返聘缴纳个人所得税的情形，所以严医生退休返聘取得的收入应当缴纳个人所得税。

法律条文

《国家税务总局关于个人兼职和退休人员再任职取得收入如何计算征收个人所得税问题的批复》（国税函〔2005〕382号）

厦门市地方税务局：

你局《关于个人兼职和退休人员再任职取得收入如何计算征收个人所得税问题的请示》（厦地税发〔2005〕34号）收悉。经研究，批复如下：

根据《中华人民共和国个人所得税法》（以下简称个人所得税法）、《国家税务总局关于印发〈征收个人所得税若干问题的规定〉的通知》（国税发〔1994〕089号）和《国家税务总局关于影视演职人员个人所得税问题的批复》（国税函〔1997〕385号）的规定精神，个人兼职取得的收入应按照“劳务报酬所得”应税项目缴纳个人所得税；退休人员再任职取得的收入，在减除按个人所得税法规定的费用扣除标准后，按“工资、薪金所得”应税项目缴纳个人所得税。

《国家税务总局关于离退休人员再任职界定问题的批复》（国税函〔2006〕526号）

北京市地方税务局：

你局《关于学校外聘教师征收个人所得税问题的请示》（京地税个〔2006〕174号）收悉。经研究，批复如下：

《国家税务总局关于个人兼职和退休人员再任职取得收入如何计算征收个人所得税问题的批复》（国税函〔2005〕382号）所称的“退休人员再任职”，应同时符合下列条件：

一、受雇人员与用人单位签订一年以上（含一年）劳动合同（协议），存在长期或连续的雇用与被雇用关系；

二、受雇人员因事假、病假、休假等原因不能正常出勤时，仍享受固定或基本工资收入；

三、受雇人员与单位其他正式职工享受同等福利、社保、培训及其他待遇；

四、受雇人员的职务晋升、职称评定等工作由用人单位负责组织。

一句话说法

对于退休后被返聘回原单位的人员，在满足一定条件时，所得的收入仍需要缴纳个人所得税。作为退休被返聘人员，在与原单位签订返聘合同时，一定要与单位进行明确约定。

49. 申报个人所得税时，哪些项可以申报退税？

案例背景

2019年6月，小张大学毕业，毕业后到一家保险公司担任销售顾问，工资是底薪加提成制。由于缺乏工作经验，销售能力有所欠缺，小张开始的工作并不顺利，经常一个月只有3000元的工资，勉强能够支撑生活。为了提高自己的业务能力，小张经常向同事请教问题，强迫自己练习沟通技巧。终于，在入职的第四个月，小张的业务水平得到明显提升，当月税前工资为9000元，小张笑称自己终于达到纳税起征点了。2020年3月，单位同事都在议论要申报个人所得税，有的人光退税就退了不少钱。有人跟小张说：“你也赶紧申报吧，没准儿也能退税呢。”小张有些疑惑，已经交了的税，为什么还能退税呢？

学法有疑

申报个人所得税时，哪些项目可以申报退税？

法律讲堂

依法纳税是每个公民的义务，当个人年度收入超过一定限额时，就要进行个人所得税申报。根据我国《个人所得税法》第二条的规定，个人的工资、薪金所得，劳务报酬所得，稿酬所得，特许权使用费所得为综合所得，按纳税年度合并计算个人所得税。居民个人的综合所得，以每一纳税年度的收入额减除费用六万元以及专项扣除、专项附加扣除和依法确定的其他扣除后的余额，为应纳税所得额。因此，若小张除工资之外没有其他的收入，其 2019 年度应纳税所得额为：2019 年全部工资收入减除费用六万元以及专项扣除、专项附加扣除和依法确定的其他扣除后的余额。我国《个人所得税法》第九条第一款规定：“个人所得税以所得人为纳税人，以支付所得的单位或者个人为扣缴义务人。”第十一条第一款规定：“居民个人取得综合所得，按年计算个人所得税；有扣缴义务人的，由扣缴义务人按月或者按次预扣预缴税款；需要办理汇算清缴的，应当在取得所得的次年三月一日至六月三十日内办理汇算清缴。预扣预缴办法由国务院税务主管部门制定。”因此，职工以工资所得缴纳税款时，用人单位为扣缴义务人，扣缴方式为按月预扣预缴，即职工每月工资超出 5000 元部分所缴纳的税款属于预缴。若进行个税申报时，之前已经预缴的税额高于按年计算出来的应纳税额，则多缴纳的税费可以申报退税。

国家税务总局发布的《关于〈国家税务总局关于办理 2019 年度个人所得税综合所得汇算清缴事项的公告〉的解读》中第四条列举了可能产生退税的情形：1. 2019 年度综合所得年收入额不足 6 万元，

但平时预缴过个人所得税的；2. 2019年度有符合享受条件的专项附加扣除，但预缴税款时没有申报扣除的；3. 因年中就业、退职或者部分月份没有收入等原因，减除费用6万元、“三险一金”等专项扣除、子女教育等专项附加扣除、企业（职业）年金以及商业健康保险、税收递延型养老保险等扣除不充分的；4. 没有任职受雇单位，仅取得劳务报酬、稿酬、特许权使用费所得，需要通过年度汇算办理各种税前扣除的；5. 纳税人取得劳务报酬、稿酬、特许权使用费所得，年度中间适用的预扣率高于全年综合所得年适用税率的；6. 预缴税款时，未申报享受或者未足额享受综合所得税收优惠的，如残疾人减征个人所得税优惠等；7. 有符合条件的公益慈善事业捐赠支出，但预缴税款时未办理扣除的；等等。对于符合上述情况的支出，纳税人可以申报退税。按照法律的规定，依法申报退税是每一个纳税人的权利，只要其实际预缴税额高于应纳税额，就可以按照法定程序申请退税。因此，小张如果存在以上可以退税的情形，就可以申报退税。

法律条文

《中华人民共和国个人所得税法》

第二条 下列各项个人所得，应当缴纳个人所得税：

（一）工资、薪金所得；

（二）劳务报酬所得；

（三）稿酬所得；

（四）特许权使用费所得；

（五）经营所得；

（六）利息、股息、红利所得；

（七）财产租赁所得；

（八）财产转让所得；

（九）偶然所得。

居民个人取得前款第一项至第四项所得（以下称综合所得），按纳税年度合并计算个人所得税；非居民个人取得前款第一项至第四项所得，按月或者按次分项计算个人所得税。纳税人取得前款第五项至第九项所得，依照本法规定分别计算个人所得税。

第六条 应纳税所得额的计算：

（一）居民个人的综合所得，以每一纳税年度的收入额减除费用六万元以及专项扣除、专项附加扣除和依法确定的其他扣除后的余额，为应纳税所得额。

……

本条第一款第一项规定的专项扣除，包括居民个人按照国家规定的范围和标准缴纳的基本养老保险、基本医疗保险、失业保险等社会保险费和住房公积金等；专项附加扣除，包括子女教育、继续教育、大病医疗、住房贷款利息或者住房租金、赡养老人等支出，具体范围、标准和实施步骤由国务院确定，并报全国人民代表大会常务委员会备案。

第九条第一款 个人所得税以所得人为纳税人，以支付所得的单位或者个人为扣缴义务人。

第十一条第一款 居民个人取得综合所得，按年计算个人所得税；有扣缴义务人的，由扣缴义务人按月或者按次预扣预缴税款；需要办理汇算清缴的，应当在取得所得的次年三月一日至六月三十日内办理汇算清缴。预扣预缴办法由国务院税务主管部门制定。

依法纳税是每一个纳税人的义务，而申报退税则是每一个纳税人的权利，若预缴的税额高于应纳税额，即可按照法定程序申请退税。作为纳税人，应当主动学习个人所得税法，了解纳税的法律规定，这样才能更好地履行义务、维护权利。

第5章 守法经营

50. 通过网上购买客户信息，是违法行为吗？后果如何？

案例背景

A公司为一家小额信贷公司，该公司经理赵某为了拓展客户源，在一个QQ群中联系到自称掌握大量用户个人信息的江某，并在江某处以2000元价格购买了5000条客户信息，包括客户的姓名、身份证号、电话号码以及职业和家庭住址。赵某将这些客户信息分发给公司各个电话销售员，要求他们不定期向客户打电话询问是否需要贷款。初出茅庐的电话销售员小冯向经理提出质疑，认为这种行为不合法，万万做不得。赵某不以为然，认为自己支付了相应对价，而且只是给客户打电话又不擅自利用他们的信息，不会犯法的。

学法有疑

通过网上购买客户信息，是违法行为吗？后果如何？

法律讲堂

通过网上购买客户信息的行为违法，可能会触犯刑法，受到刑罚处罚。随着社会的发展，个人信息体现出越来越高的经济价值，不法分子便将目光瞄向了买卖个人信息，这一行为侵害了他人的合法权益，已经涉嫌违法犯罪。我国《刑法》第二百五十三条之一对侵犯公民个人信息罪进行了规定——窃取或者以其他方法非法获取公民个人信息，情节严重的，处三年以下有期徒刑或者拘役，并处或者单处罚金。《最高人民法院、最高人民检察院关于办理侵犯公民个人信息刑事案件适用法律若干问题的解释》第四条规定，通过购买方式获取公民个人信息的行为，属于《刑法》第二百五十三条之一第三款规定的“以其他方法非法获取公民个人信息”。因此，上述案例中赵某的行为即为“以其他方法非法获取公民个人信息”，根据刑法规定，购买者与出售者同罪，即使赵某支付了相应对价，但其仍然无权获取公民个人信息，情节严重的将会触犯刑法。

那么，何为“情节严重”?《最高人民法院、最高人民检察院关于办理侵犯公民个人信息刑事案件适用法律若干问题的解释》第五条、第六条进行了详细规定。赵某的行为是否达到“情节严重”的标准，需要司法机关进行裁量，但其行为系违法行为是毋庸置疑的。

我们日常生活中经常会忽视个人信息的重要性，但是在信息化的现代社会，个人信息的保护至关重要。作为公民，要时刻谨记不轻易泄露个人信息；作为经营者，要把握好底线，不可为眼前利益触犯法律，侵害他人权利。

法律条文

《中华人民共和国刑法》

第二百五十三条之一 违反国家有关规定，向他人出售或者提供公民个人信息，情节严重的，处三年以下有期徒刑或者拘役，并处或者单处罚金；情节特别严重的，处三年以上七年以下有期徒刑，并处罚金。

违反国家有关规定，将在履行职责或者提供服务过程中获得的公民个人信息，出售或者提供给他人的，依照前款的规定从重处罚。

窃取或者以其他方法非法获取公民个人信息的，依照第一款的规定处罚。

单位犯前三款罪的，对单位判处罚金，并对其直接负责的主管人员和其他直接责任人员，依照各该款的规定处罚。

《最高人民法院、最高人民检察院关于办理侵犯公民个人信息刑事案件适用法律若干问题的解释》

第一条 刑法第二百五十三条之一规定的“公民个人信息”，是指以电子或者其他方式记录的能够单独或者与其他信息结合识别特定自然人身份或者反映特定自然人活动情况的各种信息，包括姓名、身份证件号码、通信通讯联系方式、住址、账号密码、财产状况、行踪轨迹等。

第四条 违反国家有关规定，通过购买、收受、交换等方式获取公民个人信息，或者在履行职责、提供服务过程中收集公民个人信息的，属于刑法第二百五十三条之一第三款规定的“以其他方法非法获取公民个人信息”。

第五条 非法获取、出售或者提供公民个人信息，具有下列情形之一的，应当认定为刑法第二百五十三条之一规定的“情节严重”：

（一）出售或者提供行踪轨迹信息，被他人用于犯罪的；

（二）知道或者应当知道他人利用公民个人信息实施犯罪，向其出售或者提供的；

（三）非法获取、出售或者提供行踪轨迹信息、通信内容、征信信息、财产信息五十条以上的；

（四）非法获取、出售或者提供住宿信息、通信记录、健康生理信息、交易信息等其他可能影响人身、财产安全的公民个人信息五百条以上的；

（五）非法获取、出售或者提供第三项、第四项规定以外的公民个人信息五千条以上的；

（六）数量未达到第三项至第五项规定标准，但是按相应比例合计达到有关数量标准的；

（七）违法所得五千元以上的；

（八）将在履行职责或者提供服务过程中获得的公民个人信息出售或者提供给他人，数量或者数额达到第三项至第七项规定标准一半以上的；

（九）曾因侵犯公民个人信息受过刑事处罚或者二年内受过行政处罚，又非法获取、出售或者提供公民个人信息的；

（十）其他情节严重的情形。

实施前款规定的行为，具有下列情形之一的，应当认定为刑法第二百五十三条之一第一款规定的“情节特别严重”：

（一）造成被害人死亡、重伤、精神失常或者被绑架等严重后果的；

（二）造成重大经济损失或者恶劣社会影响的；

（三）数量或者数额达到前款第三项至第八项规定标准十倍以上的；

（四）其他情节特别严重的情形。

第六条 为合法经营活动而非法购买、收受本解释第五条第一款第三项、第四项规定以外的公民个人信息，具有下列情形之一的，应当认定为刑法第二百五十三条之一规定的“情节严重”：

（一）利用非法购买、收受的公民个人信息获利五万元以上的；

（二）曾因侵犯公民个人信息受过刑事处罚或者二年内受过行政处罚，又非法购买、收受公民个人信息的；

（三）其他情节严重的情形。

实施前款规定的行为，将购买、收受的公民个人信息非法出售或者提供的，定罪量刑标准适用本解释第五条的规定。

一句话说法

我国公民的个人信息受法律保护，任何人不得以非法手段获取公民个人信息。公民个人要提高警惕，防止个人信息泄露。而经营者在经营过程中更要遵纪守法，万万不可通过购买客户信息的方式来拓展业务，这种行为触犯法律，严重的可能受到刑罚处罚。

51. 将谈判过程中知悉的对方技术信息转卖的，是否构成侵犯商业秘密罪？

案例背景

张某受甲公司委托，与乙公司协商乙公司的专利产品销售事宜，乙公司为了展示自身的实力和诚意，邀请张某进入产品生产车间，由技术员详细介绍了该专利产品的研发细节和功能，并告知了张某该产品潜在的市场占有率及销售价值。在观摩途中，张某将该过程悄悄录像并保存下来。之后，张某以种种理由拒绝了合作事宜，又私下与乙公司的竞争对手丙公司谈判，最终以100万元价格将录像转卖给丙公司，丙公司根据该录像制造产品并很快投入市场。由于大大节省了研发成本，丙公司售卖该产品价格优惠，获利颇丰，而乙公司产品销售受到严重影响，大量产品囤积库中无法出售。试问，张某转卖该录像的行为是否构成侵犯商业秘密罪？

学法有疑

将谈判过程中知悉的对方技术信息转卖的，是否构成侵犯商业秘密罪？

法律讲堂

一个行为是否构成侵犯商业秘密罪，主要有两个限制条件：一是“商业秘密”的界定，商业秘密是指不为公众所知悉，能为权利人带来经济利益，具有实用性并经权利人采取保密措施的技术信息和经营信息。二是把握侵犯商业秘密的行为形式，侵犯商业秘密主要是以盗窃、贿赂、欺诈、胁迫、电子侵入或者其他不正当手段获取权利人的商业秘密，或者披露、使用或者允许他人使用以不正当手段获取的权利人的商业秘密以及违反保密义务或者违反权利人有关保守商业秘密的要求，披露、使用或者允许他人使用其所掌握的商业秘密，从而给权利人造成重大损失。

本案中，张某拍摄的录像全面、详细地介绍了乙公司产品的生产环节，该产品能够为乙公司带来巨大的经济利益，系“不为公众所知悉”的技术信息和经营信息，属于商业秘密。在谈判过程中，张某获得了相关的介绍和产品的制造流程，本应为乙公司保密，但是，张某在拒绝和乙公司合作后，私自将录像转卖给丙公司，丙公司据此生产出同类产品流入市场，并造成乙公司产品滞销。张某的行为侵害了乙公司的实际利益，其行为已经构成了侵犯商业秘密罪，应当承担相应的刑事责任。

法律条文

《中华人民共和国刑法》

第二百一十九条 有下列侵犯商业秘密行为之一，情节严重的，处三年以下有期徒刑，并处或者单处罚金；情节特别严重的，处三年以上十年以下有期徒刑，并处罚金：

（一）以盗窃、贿赂、欺诈、胁迫、电子侵入或者其他不正当手段获取权利人的商业秘密的；

（二）披露、使用或者允许他人使用以前项手段获取的权利人的商业秘密的；

（三）违反保密义务或者违反权利人有关保守商业秘密的要求，披露、使用或者允许他人使用其所掌握的商业秘密的。

明知前款所列行为，获取、披露、使用或者允许他人使用该商业秘密的，以侵犯商业秘密论。

本条所称权利人，是指商业秘密的所有人和经商业秘密所有人许可的商业秘密使用人。

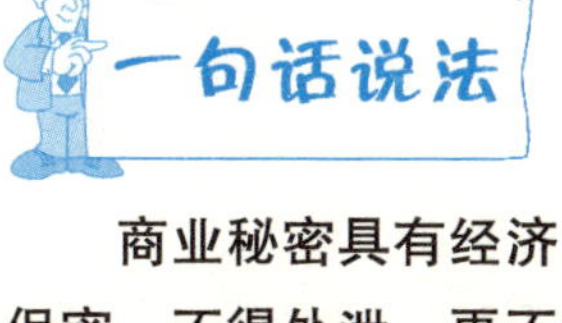

商业秘密具有经济价值，任何人在获悉他人的商业秘密后均应保密，不得外泄，更不得非法使用或者转卖，一旦给他人造成重大损失，必将承担相应的刑事责任。

52. 会计伪造会计凭证，虚构交易的，会受到什么处罚？

案例背景

张三是甲公司的会计，负责该公司的经济往来和会计事项。在一次招投标项目中，甲公司的董事长王五认为自己公司近几个月来的业绩不够稳定，在投标时与同行的竞争优势不够明显，但是该项目是一笔大单，有助于公司的长久发展，于是，董事长王五和张三商议，由张三伪造一些会计凭证，虚构交易，使得公司账面上业务往来较多，增加中标的概率。之后张三遵循董事长的安排制造了相关凭证，顺利中标。但是，参与投标的乙公司发现了此事，向相关部门举报了甲公司。

学法有疑

在该案件中，会计张三可能受到什么处罚？

法律讲堂

根据我国《会计法》第四十三条的规定，伪造、变造会计凭证、会计账簿的，其责任分为刑事责任和行政责任，刑事责任主要是由该行为衍生的如偷税罪等，行政责任主要是由财政部门对单位及其主管人员处以罚款，对会计人员则是吊销其会计从业资格证书。其中，伪造会计凭证是虚构经济业务或者资金往来，编制虚假的会计凭证；而变造会计凭证是利用涂改、拼接等方法，改变会计凭证的真实内容。无论是伪造还是变造会计凭证，其本质上均是隐匿真实的交易情况，是对正常市场秩序的破坏，损害他人甚至国家的利益，是违法行为。

本案中，为了提高中标的概率，王五和张三以伪造会计凭证的方式，虚构交易情况，妨害了中标的公正性，属于破坏市场经济、扰乱市场秩序的行为，是违法行为。对单位及其责任人员处以罚款。

此外，身为会计的张三未能严格遵循会计行业规范，参与扰乱市场经济的违法行为，按照规定，应吊销其会计资格证书。

法律条文

《中华人民共和国会计法》

第四十三条 伪造、变造会计凭证、会计帐簿，编制虚假财务会计报告，构成犯罪的，依法追究刑事责任。

有前款行为，尚不构成犯罪的，由县级以上人民政府财政部门予以通报，可以对单位并处五千元以上十万元以下的罚款；对其直接负责的主管人员和其他直接责任人员，可以处三千元以上五万元以下的罚款；属于国家工作人员的，还应当由其所在单位或者有关单位依法给予撤职直至开除的行政处分；其中的会计人员，五年内不得从事会计工作。

会计的工作是负责单位或企业的经济往来，有着严格的职业道德规范和从业纪律要求，任何时候均不得参与违法犯罪的活动，有与会计职务有关的违法行为者不仅可能会被吊销从业资格证，构成犯罪的，还会受到国家刑事法律的惩处。

53. 为了躲避相关部门核查，将会计账簿销毁的，是否触犯刑法？

案例背景

甲商场是A市有名的百货商场，人流量很大，一直以来业绩都很稳定。但是，在今年缴税时，税收部门发现甲商场的应缴税额出现极大滑坡，特别是旺季收入，与前几年旺季收入相比仅为之前平均值的四分之一，为确认金额是否出现差错，税收部门向甲商场进行核实。税收部门到场核查时却发现会计账簿丢失，相关会计人员也消失不见。经查，甲商场恶意隐瞒自己的销售额，虚报纳税金额，并且会计人员在商场领导的授意下销毁了账簿。

学法有疑

销毁账簿的行为，是不是犯罪行为?

法律讲堂

会计账簿是记录公司相关经济业务往来的重要凭证，可以准确反映公司、企业的经营状况，也是相关部门进行督查、核查的重要依据，便于上级部门的监督和管理。根据我国《刑法》第一百六十二条之一的规定，隐匿或者故意销毁依法应当保存的会计凭证、账簿等，情节严重的，应当承担刑事责任。单位犯前款罪的，对单位判处罚金，并对其直接负责的主管人员和其他直接责任人员，依照前款的规定处罚。可见，触犯该项罪名的主体是直接负责的工作人员，即相关资料的保管人员，通常就是会计人员，如果会计人员是按照单位意志从事上述行为的，则构成单位犯罪，单位也要受到处罚。

本案中，甲商场虚报自己的年度销售额以少缴税费，并且在有关部门核查时，会计人员在商场领导的授意下销毁账簿，商场及其领导、会计人员的行为已经触犯故意销毁会计凭证罪，且属于单位犯罪，应当对单位判处罚金，并对相关主管人员依照《刑法》规定判处刑罚。

法律条文

《中华人民共和国刑法》

第一百六十二条之一 隐匿或者故意销毁依法应当保存的会计凭证、会计账簿、财务会计报告，情节严重的，处五年以下有期徒刑或者拘役，并处或者单处二万元以上二十万元以下罚金。

单位犯前款罪的，对单位判处罚金，并对其直接负责的主管人员和其他直接责任人员，依照前款的规定处罚。

一句话说法

会计账簿是记录公司、企业经济往来的重要凭证，在相关部门核查时务必及时、完整地上交，隐匿、销毁或者拒不上交的，将会受到法律的惩处。

54. 为了达成交易，能否私下给予对方“辛苦费”？

案例背景

甲公司是A省有名的乳业公司，今年打算拓展邻省的乳制品市场。在邻省选址设厂后，甲公司的经理张三到邻省联系农场供奶。张三到达邻省后发现，厂址所在地区共有三家大型农场。在考察期间，乙农场厂长李四安排张三进厂观摩，之后在饭局上，李四告诉张三如果可以和甲公司合作，在进价不变的基础上，将协商的优惠款以“辛苦费”的方式打入张三的个人账户。

学法有疑

李四这种给“辛苦费”的行为是否违法？

法律讲堂

“辛苦费”，即法律意义上的回扣，是指在正常交易之外，暗中以现金或者实物等方式退还对方的一定比例价款，可以是退还单位，也可以是退还个人。这看起来似乎情有可原，但实际上是一种违法行为。根据我国《反不正当竞争法》第七条的规定，经营者不得采用财物或者其他手段贿赂下列单位或者个人，以谋取交易机会或者竞争优势：（一）交易相对方的工作人员；（二）受交易相对方委托办理相关事务的单位或者个人；（三）利用职权或者影响力影响交易的单位或者个人。给回扣的行为严重扰乱了正常的市场竞争秩序，损害了公平竞争机制，不利于市场经济的健康发展，因此法律规定了严格的惩治措施：由监督检查部门没收违法所得，处十万元以上三百万元以下的罚款。情节严重的，吊销营业执照。

本案中，李四私下给予张三回扣的行为属于违法行为，于李四而言，是在行贿；而张三如果收受了回扣，就属于受贿。监督检查部门将没收其违法所得，处以相应的罚款。若情节严重，还将吊销乙农场营业执照。

法律条文

《中华人民共和国反不正当竞争法》

第七条 经营者不得采用财物或者其他手段贿赂下列单位或者个人，以谋取交易机会或者竞争优势：

（一）交易相对方的工作人员；

（二）受交易相对方委托办理相关事务的单位或者个人；

（三）利用职权或者影响力影响交易的单位或者个人。

……

第十九条 经营者违反本法第七条规定贿赂他人的，由监督检查部门没收违法所得，处十万元以上三百万元以下的罚款。情节严重的，吊销营业执照。

一句话说法

正常的商品交易要保证其公正性和秩序性，因此，交易双方不得以任何理由、任何形式接纳或者给予对方回扣，给回扣和吃回扣的行为都属于违法行为。此外，遇到此类情况，当事人要及时向单位及相关部门说明情况。

55. 私下串通，帮助朋友顺利中标的行为会受到什么处罚?

案例背景

某国企打算将通信设施外包给专业公司管理，于是以招标形式在网站上发布信息，率先投标的三个公司将进入备选。张三听闻后感觉该项通信工作非常适合自己公司，但是，考虑到自己公司为新设立公司，在人员、设备等条件上较同行业其他公司差，担心即使投标也会被其他公司抢占先机。再三考虑之后，张三联系自己的好友李四、王五，三公司分别进行了投标，这样一来，参与投标的公司数量符合条件，然后由李四、王五二人在金额上设置差值。最终，张三的公司顺利中标。但是，此事后来被他人举报，相关部门调查发现了事情的原委。

学法有疑

虚假投标，帮助好友中标的行为是否违法?

法律讲堂

根据我国《刑法》第二百二十三条的规定，投标人相互串通投标报价，损害招标人或者其他投标人利益，情节严重的，或者投标人与招标人串通投标，损害国家、集体、公民的合法利益的，均构成串通投标罪。招标投标本身为合法竞争，使符合条件的竞争者中标，是市场优胜劣汰的具体表现，但是，投标人相互串通投标报价的行为，会使招标人、其他投标人利益受到损害，是法律严令禁止的行为。无论是串通投标者本人，还是与其相互配合的其他投标人或招标人，都属于串通投标罪的犯罪主体，都从事了串通投标的行为，都将受到法律的惩处。

本案中，张三为了使自己公司中标，串通好友李四、王五的公司虚假投标，最终使自己公司顺利中标，三人的行为侵害了招标人的合法权益，已经构成串通投标罪。根据法律规定，情节严重的，处三年以下有期徒刑或者拘役，并处或者单处罚金。

法律条文

《中华人民共和国刑法》

第二百二十三条 投标人相互串通投标报价，损害招标人或者其他投标人利益，情节严重的，处三年以下有期徒刑或者拘役，并处或者单处罚金。

投标人与招标人串通投标，损害国家、集体、公民的合法利益的，依照前款的规定处罚。

第二百三十一条 单位犯本节第二百二十一条至第二百三十条规定之罪的，对单位判处罚金，并对其直接负责的主管人员和其他直接责任人员，依照本节各该条的规定处罚。

串通投标行为是严重侵害招投标公正性的行为，会损害招标人以及其他投标人的合法权益，任何企业在商业活动中，串通投标的，都将受到严厉惩罚。此外，在商业活动中知悉该类情况的，可以向相关部门举报。

第6章 当好“主人翁”

56. 少量但多次盗窃公司财物的劳动者会受到起诉吗?

案例背景

2019年8月17日，某汽车修理公司在查看一起修理事故过程中发现，学徒工李某将汽车零件藏在其包中带出公司。后经查看监控证实，李某每天下班前都会带出一部分汽车零件。该汽车修理公司经理追问李某后得知，李某已经连续盗窃汽车零配件近一年时间，并将盗来的汽车零配件以低价卖出谋取利益。

学法有疑

李某有可能被以盗窃罪罪名起诉吗？

法律讲堂

根据我国《刑法》第二百六十四条的规定，盗窃公私财物，数额较大的，或者多次盗窃、入户盗窃、携带凶器盗窃、扒窃的，构成盗窃罪。即盗窃罪是指以非法占有为目的，盗窃公私财物，数额较大或者多次盗窃的行为。

本案中，学徒工李某连续一年持续盗窃汽车修理公司的汽车零配件，属于多次盗窃的情形。虽然李某每次盗窃数额较小不足以以盗窃罪定罪，但是由于其盗窃次数多、持续时间长，已经严重侵害了汽车修理公司的法益。因此，根据我国《刑法》关于盗窃罪的规定，李某的行为构成盗窃罪，李某依法可能被追究相应的刑事责任。同时，根据《劳动合同法》第三十九条之规定，劳动者严重违反用人单位的规章制度，或者被依法追究刑事责任的，用人单位可以单方解除劳动合同，且无须支付经济补偿金。因此，汽车修理厂还可以在李某确定被追究刑事责任后，解除与李某之间的劳动合同。

法律条文

《中华人民共和国刑法》

第二百六十四条 盗窃公私财物，数额较大的，或者多次盗窃、入户盗窃、携带凶器盗窃、扒窃的，处三年以下有期徒刑、拘役或者管制，并处或者单处罚金；数额巨大或者有其他严重情节的，处三年以上十年以下有期徒刑，并处罚金；数额特别巨大或者有其他特别严重情节的，处十年以上有期徒刑或者无期徒刑，并处罚金或者没收财产。

《中华人民共和国劳动合同法》

第三十九条 劳动者有下列情形之一的，用人单位可以解除劳动合同：

（一）在试用期间被证明不符合录用条件的；

（二）严重违反用人单位的规章制度的；

（三）严重失职，营私舞弊，给用人单位造成重大损害的；

（四）劳动者同时与其他用人单位建立劳动关系，对完成本单位的工作任务造成严重影响，或者经用人单位提出，拒不改正的；

（五）因本法第二十六条第一款第一项规定的情形致使劳动合同无效的；

（六）被依法追究刑事责任的。

一句话说法

我国《刑法》关于盗窃罪的一般规定是要求其盗窃的财物达到数额较大的定罪标准，但要注意的是，《刑法》还单独规定在多次盗窃、入室盗窃、携带凶器盗窃、扒窃等情形下，并不要求满足盗窃的财物达到数额较大的定罪标准。而对于多次盗窃，只要两年内实施三次以上盗窃行为即可构成盗窃罪。作为劳动者，一定要树立主人翁意识，积极维护单位的财产，而非从单位“顺手牵羊”。

57. 过失引起公司火灾，需要承担什么责任？

案例背景

王某是一家石化企业的保安。2019 年 8 月 3 日，王某在夜间巡逻时违反公司规定抽烟，随手扔掉的未熄灭的烟头点燃了一旁堆放的杂物，最终引起火灾，致使公司财产遭受重大损失。

学法有疑

王某的行为怎样定性？王某需要承担什么责任？

法律讲堂

失火罪，是指由于行为人的过失引起火灾，造成严重后果，危害公共安全的行为。根据我国《刑法》第一百一十五条的规定，放火、决水、爆炸以及投放毒害性、放射性、传染病病原体等物质或者以其他危险方法致人重伤、死亡或者使公私财产遭受重大损失的，处十年以上有期徒刑、无期徒刑或者死刑。过失犯前款罪的，处三年以上七年以下有期徒刑；情节较轻的，处三年以下有期徒刑或者拘役。本案中，王某的行为在主观上属于过失，明知自己在石化公司工作，在工作场所内抽烟可能引发火灾，却因疏忽大意，而造成火灾发生的后果，给石化公司带来巨大的经济损失。因此，可以认定王某的行为构成失火罪，王某应承担其行为所带来的法律后果。

法律条文

《中华人民共和国刑法》

第十五条 应当预见自己的行为可能发生危害社会的结果，因为疏忽大意而没有预见，或者已经预见而轻信能够避免，以致发生这种结果的，是过失犯罪。

过失犯罪，法律有规定的才负刑事责任。

第一百一十五条 放火、决水、爆炸以及投放毒害性、放射性、传染病病原体等物质或者以其他危险方法致人重伤、死亡或者使公私财产遭受重大损失的，处十年以上有期徒刑、无期徒刑或者死刑。

过失犯前款罪的，处三年以上七年以下有期徒刑；情节较轻的，处三年以下有期徒刑或者拘役。

一句话说法

放火罪要求行为人在主观上具有故意的心理，而失火罪则要求行为人在主观上存在过失。二者在量刑方面存在巨大差异，对于放火罪，致人重伤、死亡或者使公私财产遭受重大损失的，处十年以上有期徒刑、无期徒刑或者死刑。而对于失火罪则处三年以上七年以下有期徒刑；情节较轻的，处三年以下有期徒刑或者拘役。

58. 员工利用单位资源完成职务作品的著作权归谁所有？

案例背景

阮先生是A计算机软件公司的技术总监。2018年6月，公司为了开辟市场，要求阮先生研发一款新的计算机软件H。阮先生为了完成这个软件，经常加班熬夜，组织部门员工进行反复的调试，不断完善程序，终于在2018年12月完成了该软件并交付公司。但是A公司因经营不善，没有足够的流动资金启动H软件的推广，便决定将该软件的著作权卖给B公司。阮先生得知情况后，认为H软件是自己个人花费心血完成的，自己才是著作权人，公司没有问自己的意见就把软件给卖了，这既不合理又不合法，他对公司的行为感到十分气愤。

学法有疑

A公司有权将阮先生研发的计算机软件著作权出售他人吗？

法律讲堂

根据我国《著作权法》第十八条的规定，职务作品是指自然人为完成法人或者非法人组织工作任务所创作的作品。一般情况下，职务作品的著作权由作者，即员工享有，但法人或者非法人组织有权在其业务范围内优先使用。作品完成两年内，未经单位同意，作者不得许可第三人以与单位使用的相同方式使用该作品。有下列情形之一的职务作品，作者享有署名权，著作权的其他权利由法人或者非法人组织享有，法人或者非法人组织可以给予作者奖励：（一）主要是利用法人或者非法人组织的物质技术条件创作，并由法人或者非法人组织承担责任的工程设计图、产品设计图、地图、示意图、计算机软件等职务作品；（二）报社、期刊社、通讯社、广播电台、电视台的工作人员创作的职务作品；（三）法律、行政法规规定或者合同约定著作权由法人或者非法人组织享有的职务作品。

具体到本案中，阮先生为了完成自己的工作任务，利用了公司的物质技术条件完成了 H 软件，并且该软件的法律责任由 A 公司承担，这种情况属于《著作权法》第十八条第二款第一项规定的情形。因此，对于 H 软件阮先生只享有署名权。A 公司享有署名权之外的其他著作权利，有权对软件进行转让。

法律条文

《中华人民共和国著作权法》

第十八条 自然人为完成法人或者非法人组织工作任务所创作的作品是职务作品，除本条第二款的规定以外，著作权由作者享有，但法人或者非法人组织有权在其业务范围内优先使用。作品完成两年内，未经单位同意，作者不得许可第三人以与单位使用的相同方式使用该作品。

有下列情形之一的职务作品，作者享有署名权，著作权的其他权利由法人或者非法人组织享有，法人或者非法人组织可以给予作者奖励：

（一）主要是利用法人或者非法人组织的物质技术条件创作，并由法人或者非法人组织承担责任的工程设计图、产品设计图、地图、示意图、计算机软件等职务作品；

（二）报社、期刊社、通讯社、广播电台、电视台的工作人员创作的职务作品；

（三）法律、行政法规规定或者合同约定著作权由法人或者非法人组织享有的职务作品。

职务作品虽然是员工为完成公司工作而创作的作品，但在创作过程中，公司为员工创作提供了必要的物质条件，员工也投入了自己的智力与心血。因此，对于职务作品著作权的归属不能一概而论，需要根据具体情况和法律规定来判断。

59. 受委托拍摄的照片，到底归谁所有？

案例背景

高小姐是一名自由摄影师。2019 年 6 月，高小姐接受一家杂志社的委托，为其拍摄三组主题为自然风景的图片。为了拍摄出优质的作品，高小姐到贵州省某村庄采风，以那些还没有被人为破坏的山川为对象，用镜头记录下了那里美丽的自然风光。2019 年 8 月，高小姐将三组图片发给杂志社后，杂志社支付了约定的全部报酬。2019 年 10 月，高小姐又将这三组图片中的几张照片卖给了某网站。杂志社知道后，认为这三组图片的著作权人是自己，高小姐无权私自将图片卖给其他人。

学法有疑

高小姐能否再将这三组图片全部或部分出售给他人？如何确定委托作品的权利人？

法律讲堂

根据我国《著作权法》第十九条的规定，受委托创作的作品，著作权的归属由委托人和受托人通过合同约定。合同未作明确约定或者没有订立合同的，著作权属于受托人。我国《著作权法》所保护的是具有独创性的智力成果，在委托作品中，更多体现的是受托人的智力成果，凝结的是受托人的心血，如果委托人和受托人没有约定作品的著作权归属，应当由受托人享有著作权。

具体到上述案例中，高小姐受到杂志社的委托拍摄照片，双方事先并没有约定图片著作权的归属，这种情况下，高小姐作为受托人应当是这些图片的著作权人。因此，高小姐有权将图片卖给网站使用，高小姐的做法是合法的。

法律条文

《中华人民共和国著作权法》

第十九条 受委托创作的作品，著作权的归属由委托人和受托人通过合同约定。合同未作明确约定或者没有订立合同的，著作权属于受托人。

一句话说法

对于委托作品，如果委托人需要取得该作品的著作权，应当事先在委托合同中约定作品著作权的归属，提前做好约定，避免后续产生争议。个人受委托创作而签合同时，也要留意委托合同中对权利归属的约定，避免在使用上产生问题。

60. 专利实施强制许可的适用情形有哪些?

案例背景

2017年6月，A公司投入巨资研发的一款扫地机器人终于推向了市场，这款扫地机器人可以自行清洁地面上的灰尘和垃圾，深受年轻人喜爱。同时，A公司就该产品申请并获得了发明专利。2018年11月，A公司发现市场上出现了另外一款扫地机器人，这款产品由竞争对手B公司推出，不仅能自动清扫垃圾，还能自动充电，使用起来更加方便。但是，这款产品使用的程序与A公司研发的程序一样，A公司认为B公司侵犯其专利权，将B公司告上了法院。B公司在法庭进行了抗辩，认为自己虽然是在A公司扫地机器人的基础上研究开发的新款产品，但是自己推出的扫地机器人和A公司推出的产品相比，已经有了显著的技术进步，且自己已经向有关部门申请了强制许可，不构成对A公司的专利权的侵犯。

学法有疑

B公司的抗辩理由是否正确？专利实施强制许可的适用情形有哪些？

法律讲堂

专利实施强制许可是指专利行政部门依法定条件和程序颁发的使用专利的许可。申请人获得这种许可后无须专利权人同意即可得以实施专利，但应支付给专利权人合理的使用费。根据我国《专利法》第五十三条、第五十四条、第五十五条、第五十六条的规定，专利实施的强制许可情形主要有：(1) 专利权人自专利权被授予之日起满三年，且自提出专利申请之日起满四年，无正当理由未实施或者未充分实施其专利的；(2) 专利权人行使专利权的行为被依法认定为垄断行为，为消除或者减少该行为对竞争产生的不利影响的；

(3) 在国家出现紧急状态或者非常情况时，或者为了公共利益的目的，国务院专利行政部门可以给予实施发明专利或者实用新型专利的强制许可；(4) 为了公共健康目的，对取得专利权的药品，国务院专利行政部门可以给予制造并将其出口到符合中华人民共和国参加的有关国际条约规定的国家或者地区的强制许可；(5) 一项取得专利权的发明或者实用新型比前已经取得专利权的发明或者实用新型具有显著经济意义的重大技术进步，其实施又有赖于前一发明或者实用新型的实施的，国务院专利行政部门根据后一专利权人的申请，可以给予实施前一发明或者实用新型的强制许可。

具体到上述案例中，B 公司新推出的扫地机器人虽然是在 A 公司的发明专利的基础上，但如果 B 公司的新产品和 A 公司的产品相比有显著经济利益的重大技术进步，并向有关单位申请了专利实施强制许可，则 B 公司的行为不构成侵犯专利权。虽然不构成侵权，但 B 公司仍需要向 A 公司支付合理的专利权使用费。

法律条文

《中华人民共和国专利法》

第五十三条 有下列情形之一的，国务院专利行政部门根据具备实施条件的单位或者个人的申请，可以给予实施发明专利或者实用新型专利的强制许可：

(一) 专利权人自专利权被授予之日起满三年，且自提出专利申请之日起满四年，无正当理由未实施或者未充分实施其专利的；

(二) 专利权人行使专利权的行为被依法认定为垄断行为，为消除或者减少该行为对竞争产生的不利影响的。

第五十四条 在国家出现紧急状态或者非常情况时，或者为了公共利益的目的，国务院专利行政部门可以给予实施发明专利或者实用新型专利的强制许可。

第五十五条 为了公共健康目的，对取得专利权的药品，国务院专利行政部门可以给予制造并将其出口到符合中华人民共和国参加的有关国际条约规定的国家或者地区的强制许可。

第五十六条 一项取得专利权的发明或者实用新型比前已经取得专利权的发明或者实用新型具有显著经济意义的重大技术进步，其实施又有赖于前一发明或者实用新型的实施的，国务院专利行政部门根据后一专利权人的申请，可以给予实施前一发明或者实用新型的强制许可。

在依照前款规定给予实施强制许可的情形下，国务院专利行政部门根据前一专利权人的申请，也可以给予实施后一发明或者实用新型的强制许可。

为了公共利益和社会技术的进步，有关专利部门可能会不考虑专利权人意愿，强制将专利许可给他人实施，但专利权人仍有权要求使用专利权的单位或者个人支付合理的使用费。

61. 新设计的产品商标与不同类别商品的驰名商标相似，是否属于侵权？

案例背景

尚某在一家环境工程公司工作，为公司各式产品作外观设计以及商品商标。某天，公司领导交给尚某一项任务，要求尚某为公司一款新产品设计单独的商标。尚某构思数天后，完成了商标设计，商标设计好之后便应用到产品上。一次偶然的机会，尚某在商场购物，发现一款服装的商品商标与自己之前设计的产品商标有点像，询问同伴才得知这家服装品牌非常有名，其商标已使用多年，且在以往与他人的商标案件中被认定为驰名商标。

学法有疑

尚某设计的产品商标与驰名商标相似，是否属于侵权？

法律讲堂

商标是能够将自己的商品与他人的商品区别开的标志，包括文字、图形、字母、数字、三维标志、颜色组合和声音等，以及上述要素的组合，均可以作为商标申请注册。商标存在的意义就是区分商品，因此设计商标时不能与他人商标相似而产生混淆。一般而言，同他人在同一种商品或者类似商品上已经注册的或者初步审定的商标相同或者近似的商标不能向商标局申请注册，而对于驰名商标的保护则更加全面广泛，即使不相同或者不相类似商品申请注册的商标是复制、摹仿或者翻译他人已经在中国注册的驰名商标，误导公众，致使该驰名商标注册人的利益可能受到损害的，都不予注册并禁止使用。

上述案例中，尚某新设计的商标虽然未向商标局申请注册，不会被驳回申请，但是其与被认定为驰名商标的某服装商品商标相似，不得继续使用，否则可能会构成侵权。

法律条文

《中华人民共和国商标法》

第八条 任何能够将自然人、法人或者其他组织的商品与他人的商品区别开的标志，包括文字、图形、字母、数字、三维标志、颜色组合和声音等，以及上述要素的组合，均可以作为商标申请注册。

第九条 申请注册的商标，应当有显著特征，便于识别，并不得与他人在先取得的合法权利相冲突。

商标注册人有权标明“注册商标”或者注册标记。

第十三条 为相关公众所熟知的商标，持有人认为其权利受到侵害时，可以依照本法规定请求驰名商标保护。

就相同或者类似商品申请注册的商标是复制、摹仿或者翻译他人未在中国注册的驰名商标，容易导致混淆的，不予注册并禁止使用。

就不相同或者不相类似商品申请注册的商标是复制、摹仿或者翻译他人已经在中国注册的驰名商标，误导公众，致使该驰名商标注册人的利益可能受到损害的，不予注册并禁止使用。

商标使用之前最好向商标局申请注册，不仅可以辨别是否侵权，还可以防止他人商品抄袭自己的商标，保护自身商品信誉。商标持续使用时间长、使用范围广又为公众所熟知的，可以在案件中请求认定为驰名商标，获取更广泛的保护。

62. 私自挪用公司资金会受到什么样的处罚？

案例背景

齐某是某公司出纳，在公司工作多年，深得领导信任，全权掌握公司的财物管理。齐某不满足于正常工作的薪酬，准备和朋友一起投资开一家财务咨询公司，但自己还需要继续工作，不能出力，只能多出一部分钱。齐某虽然有一定的积蓄，但都投入到了各种理财产品中，暂时无法拿出。齐某想到公司有一笔资金已经很久没有动用，不如先取出来做自己的生意，如果到时候公司要动用这笔钱，自己再补上也不迟。

学法有疑

齐某私自挪用公司大量资金是否构成犯罪？

法律讲堂

私自挪用公司资金的行为可能构成挪用资金罪。我国《刑法》第二百七十二条规定：“公司、企业或者其他单位的工作人员，利用职务上的便利，挪用本单位资金归个人使用或者借贷给他人，数额较大、超过三个月未还的，或者虽未超过三个月，但数额较大、进行营利活动的，或者进行非法活动的，处三年以下有期徒刑或者拘役；挪用本单位资金数额巨大的，或者数额较大不退还的，处三年以上十年以下有期徒刑……”根据此规定可以看出，挪用资金罪的构成必须要求行为人是利用职务上的便利，一般具有管理、经营财物职责的人，例如厂长、经理、财会人员、购销人员等，利用其具有的职务便利构成此罪的居多。

上述案例中，齐某作为公司出纳，利用其职务便利挪用公司大量资金投资进行营利活动，构成挪用资金罪。因齐某挪用大量资金是进行营利活动，所以即使齐某向公司退还资金，也同样构成挪用资金罪，将承担刑事责任。

法律条文

《中华人民共和国刑法》

第二百七十二条 公司、企业或者其他单位的工作人员，利用职务上的便利，挪用本单位资金归个人使用或者借贷给他人，数额较大、超过三个月未还的，或者虽未超过三个月，但数额较大、进行营利活动的，或者进行非法活动的，处三年以下有期徒刑或者拘役；挪用本单位资金数额巨大的，或者数额较大不退还的，处三年以上十年以下有期徒刑。

国有公司、企业或者其他国有单位中从事公务的人员和国有公司、企业或者其他国有单位委派到非国有公司、企业以及其他单位从事公务的人员有前款行为的，依照本法第三百八十四条的规定定罪处罚。

一句话说法

勿以恶小而为之，临时挪用工作单位资金看似不会造成损害，实则可能构成犯罪。国家工作人员更应注意，挪用公款罪较挪用资金罪更为严重，量刑更重。

第 7 章 女职工、未成年工与返聘工

63. 女职工在经期可以拒绝从事哪些工作?

案例背景

小莉是一个18岁的小姑娘，爸爸患有癌症，为了给爸爸治病，小莉放弃了读大学的机会，打算进城打工。经同村人介绍，小莉在

医院附近的钢铁厂找了一份工作，虽然每天都要忍受着高温进行工作，但是能够在工作的同时照顾爸爸，小莉很满足，工作也很认真。2019 年夏天的某个下午，正值经期的小莉忍着疼痛，在高温下上班，最终因身体吃不消而晕倒。小莉醒来后，和钢铁厂商量，能否在经期这几天从事其他工作，经期过后再回到厂区上班，但钢铁厂明确拒绝，认为小莉在无病呻吟，其他职工现在都在高温下工作，小莉不能“搞特殊”。

学法有疑

女职工在经期可以拒绝从事哪些工作？

法律讲堂

根据我国《劳动法》第六十条以及《女职工劳动保护特别规定》附录关于“女职工禁忌从事的劳动范围”的规定，对于处于经期的女职工，用人单位应予以特别照顾。女职工在经期时，身体免疫力较差，用人单位应当特别照顾，不安排女职工从事高处、低温、冷水作业和国家规定的第三级体力劳动强度的劳动。

具体到上述案例中，钢铁厂在小莉处于生理期时，不顾小莉的身体状况，拒绝小莉调岗的要求，坚持要求小莉在高温环境中工作的行为，违反了法律的规定。面对这种情况，小莉可以先和钢铁厂进行协商，协商不能解决的，可以向当地劳动仲裁委员会申请仲裁，以保障自己的合法权益。

法律条文

《中华人民共和国劳动法》

第六十条 不得安排女职工在经期从事高处、低温、冷水作业和国家规定的第三级体力劳动强度的劳动。

《女职工劳动保护特别规定》

附录：

女职工禁忌从事的劳动范围

二、女职工在经期禁忌从事的劳动范围：

（一）冷水作业分级标准中规定的第二级、第三级、第四级冷水作业；

（二）低温作业分级标准中规定的第二级、第三级、第四级低温作业；

（三）体力劳动强度分级标准中规定的第三级、第四级体力劳动强度的作业；

（四）高处作业分级标准中规定的第三级、第四级高处作业。

女职工在经期内，要注意保护自己的身体，对于自己在经期内无法胜任的工作，可以及时和单位沟通协调，如果此类工作属于女职工禁忌从事的劳动，女职工可以明确拒绝，以保障自己的合法权利。

64. 劳动合同约定了“五年内不得结婚”，员工违反后，公司可以辞退员工吗？

案例背景

小菲是一名刚毕业的女大学生，通过校园招聘到一家外企面试，在面试时她被告知工作5年内不得结婚。为了得到这份梦寐以求的工作，小菲答应了这个条件，进入了这家外企工作，“五年内不得结婚”也被写入了自己的劳动合同中。工作一年后，小菲通过朋友介绍认识了小李，他们一见钟情，认识6个月后就领了结婚证，但没有对外公布。又过了半年，公司发现小菲在半年前已经结婚的事实，认为小菲违反了劳动合同的约定，提出要和小菲解除劳动合同。小菲认为自己在工作中勤勤恳恳，认真负责，从来没有因为结婚耽误工作，虽然自己在劳动合同中承诺了“五年内不结婚”，但是公司仅仅因为自己结婚而解除劳动合同的做法不合理。

学法有疑

用人单位可以以女职工结婚为由解除劳动合同吗？

法律讲堂

根据我国《民法典》第一千零四十二条第一款“禁止包办、买卖婚姻和其他干涉婚姻自由的行为。禁止借婚姻索取财物……”及我国《劳动法》第十八条的“下列劳动合同无效：（一）违反法律、行政法规的劳动合同……”的规定，任何人都无权干涉他人的婚姻自由，用人单位也不例外，用人单位无权对女职工的婚姻进行干预，更不得要求女职工在几年内不得结婚，如果用人单位在劳动合同中约定女职工“×年内不得结婚”，该条款应当被确认为无效条款。

具体到上述案例中，小菲虽然在进入公司时接受了“五年内不得结婚”的条件并写入了自己的劳动合同，但这个“五年内不得结婚”的条款，因为涉及用人单位干涉女职工的婚姻自由，违反了法律的禁止性规定，应当被确认无效。即“五年内不得结婚”的条款对小菲没有约束力。小菲有权在工作期间结婚，公司不能因为小菲结婚而与其解除劳动合同。对于小菲的遭遇，小菲可以向劳动仲裁委员会申请仲裁，确认公司违法解除劳动合同，要求公司继续履行劳动合同，以维护自己的合法权益。

法律条文

《中华人民共和国民法典》

第一千零四十二条第一款 禁止包办、买卖婚姻和其他干涉婚姻自由的行为。禁止借婚姻索取财物。

《中华人民共和国劳动法》

第十八条 下列劳动合同无效：

（一）违反法律、行政法规的劳动合同；

（二）采取欺诈、威胁等手段订立的劳动合同。

无效的劳动合同，从订立的时候起，就没有法律约束力。确认劳动合同部分无效的，如果不影响其余部分的效力，其余部分仍然有效。

劳动合同的无效，由劳动争议仲裁委员会或者人民法院确认。

一句话说法

女职工有结婚的打算但又被公司要求几年内不能结婚的时候，不要犹豫。即使是公司，也无权干涉女职工的婚姻自由，如果公司真的以结婚为由解除了劳动合同，女职工可以拿起法律武器，捍卫自己的婚姻自由。

65. 女职工怀孕期间严重违反公司规章制度的，公司可以开除她吗？

案例背景

小君今年35岁了，是某国企的一名普通职员，从大学毕业就开始在这里上班，一直老老实实，虽然业绩不算突出，但也不算差。今年，小君查出怀孕了，由于自己属于高龄孕妇，小君和老公对这个孩子都十分看重，一直小心翼翼的。怀孕后，小君认为公司应当对自己加以照顾，就经常迟到早退，工作也极其不认真。公司为此多次找小君沟通，并提出将小君调到比较轻松的岗位上。小君非但不领情，拒绝了公司的安排，反而变本加厉地不提前请事假就旷工，某次旷工直接影响了公司某重大合同的签约事宜，致使公司遭受了300多万元的重大损失。于是，公司以严重违反公司的规章制度为由，决定开除小君。小君认为，公司在自己怀孕期间无权开除自己。

学法有疑

女职工在怀孕期间严重违反公司规章制度的，公司可以开除她吗？

法律讲堂

根据我国《劳动合同法》第四十二条的规定，女职工在怀孕期间，用人单位不得根据本法第四十条、第四十一条，即不得通过预告解除与裁员等方式，与怀孕女职工解除劳动合同。但是根据《劳动合同法》第三十九条的规定，如果职工存在严重违反用人单位规章制度的情形，公司可以与其解除劳动合同。

在上述案例中，小君作为公司的职工，应当遵守公司的规章制度。小君在怀孕期间公司已经给予其应有的照顾，但小君以自己怀孕为由不认真完成工作，不仅迟到早退，还不提前请事假就旷工，更为严重的是造成了公司300多万元的重大损失，其行为严重违反了公司的规章制度。虽然小君怀孕了，但是公司可以以小君严重违反公司制度为由，根据《劳动合同法》第三十九条规定，将小君开除。

法律条文

《中华人民共和国劳动合同法》

第三十九条 劳动者有下列情形之一的，用人单位可以解除劳动合同：

……

（二）严重违反用人单位的规章制度的；

（三）严重失职，营私舞弊，给用人单位造成重大损害的；

……

第四十条 有下列情形之一的，用人单位提前三十日以书面形式通知劳动者本人或者额外支付劳动者一个月工资后，可以解除劳动合同：

（一）劳动者患病或者非因工负伤，在规定的医疗期满后不能从事原工作，也不能从事由用人单位另行安排的工作的；

（二）劳动者不能胜任工作，经过培训或者调整工作岗位，仍不能胜任工作的；

（三）劳动合同订立时所依据的客观情况发生重大变化，致使劳动合同无法履行，经用人单位与劳动者协商，未能就变更劳动合同内容达成协议的。

第四十一条 有下列情形之一，需要裁减人员二十人以上或者裁减不足二十人但占企业职工总数百分之十以上的，用人单位提前三十日向工会或者全体职工说明情况，听取工会或者职工的意见后，裁减人员方案经向劳动行政部门报告，可以裁减人员：

（一）依照企业破产法规定进行重整的；

（二）生产经营发生严重困难的；

（三）企业转产、重大技术革新或者经营方式调整，经变更劳动合同后，仍需裁减人员的；

（四）其他因劳动合同订立时所依据的客观经济情况发生重大变化，致使劳动合同无法履行的。

裁减人员时，应当优先留用下列人员：

（一）与本单位订立较长期限的固定期限劳动合同的；

（二）与本单位订立无固定期限劳动合同的；

（三）家庭无其他就业人员，有需要扶养的老人或者未成年人的。

用人单位依照本条第一款规定裁减人员，在六个月内重新招用人员的，应当通知被裁减的人员，并在同等条件下优先招用被裁减的人员。

第四十二条 劳动者有下列情形之一的，用人单位不得依照本法第四十条、第四十一条的规定解除劳动合同：

……

（四）女职工在孕期、产期、哺乳期的；

……

我国法律对怀孕女职工的权益给予了充分保护，明确规定用人单位不得因为女职工怀孕而无故解除劳动合同。但是，作为怀孕的女职工，也应当遵守公司的规章制度，保质保量完成工作任务，不得滥用自己的权益。

66. 哺乳期的女职工可以拒绝公司的加班安排吗?

案例背景

小梦是一家互联网公司的营销总监，平时工作勤勤恳恳，任劳任怨，公司安排加班也从不拒绝。2018 年 6 月，小梦怀孕了，仍坚持上班，努力完成工作。2019 年 4 月，小梦顺利生下一个女孩儿。孩子刚满月，小梦就马上投入了工作。但是，由于小梦的女儿还小，需要母乳喂养，小梦不能再和以前一样频繁地加班了。公司却以小梦不接受公司的加班安排为由，称小梦因为私事影响了工作，想要扣除小梦的工资。

学法有疑

哺乳期的女职工可以拒绝公司的加班安排吗？

法律讲堂

我国《劳动法》第六十三条规定：“不得安排女职工在哺乳未满一周岁的婴儿期间从事国家规定的第三级体力劳动强度的劳动和哺乳期禁忌从事的其他劳动，不得安排其延长工作时间和夜班劳动。”女职工在生产后身体需要一段时间恢复，而且在哺乳期内需要喂养孩子，时间和精力都有限，身体和心理都需要予以照顾，因此，法律明确规定用人单位不能要求其加班或安排其从事一些重体力及有毒有害的工作。

具体到上述案例中，公司要求小梦在哺乳期内加班，该行为违反了相关法律规定，小梦可以予以拒绝。对于公司因小梦不接受加班而扣除工资的行为，小梦也可以表示反对。对于这种情况，小梦可以先跟公司进行协商解决，如协商不成，小梦可以向劳动仲裁委员会申请劳动仲裁，维护自己的合法权益。

法律条文

《中华人民共和国劳动法》

第六十三条 不得安排女职工在哺乳未满一周岁的婴儿期间从事国家规定的第三级体力劳动强度的劳动和哺乳期禁忌从事的其他劳动，不得安排其延长工作时间和夜班劳动。

一句话说法

女职工由于身体和心理的特殊性，在生产后需要一段恢复、调养时间，也需要哺乳子女，用人单位不得要求哺乳期内女职工加班或者从事其他不能胜任的工作。

67. 女职工怀孕后，企业给其调岗并降低工资的做法合法吗?

案例背景

小孙在2016年硕士毕业后，就进入某外企做财务工作。经过两年多辛苦的工作，小孙得到了领导的认可，不仅升任了财务总监，每个月工资也涨到了15000元。与此同时，2018年6月，小孙和自己交往多年的男朋友走进婚姻的殿堂。爱情与事业双丰收的小孙更加努力地工作，希望能做出一番成绩来回报公司。2019年4月，小孙欣喜地发现自己怀了小宝宝，然而公司的一纸岗位调整通知让幸福荡然无存。公司以小孙怀孕后不能完成当前工作任务为由，将小孙从财务总监调到财务顾问岗位，每月的工资也由15000元降到8000元。小孙十分生气，觉得自己一直勤勤恳恳地上班，即使怀孕也没有落下工作。而公司在没有和自己商量的情况下，以怀孕为由给自己调岗降薪，不仅没有人情味，也违反了法律的规定。

学法有疑

女职工怀孕后，企业给其调岗并降低工资的做法合法吗？

法律讲堂

根据《劳动合同法》第三十五条第一款的规定，用人单位与劳动者协商一致，可以变更劳动合同约定的内容。变更劳动合同，应当采用书面形式。劳动合同中的工作岗位和劳动薪酬是劳动合同中的必备条款，用人单位不能未经劳动者同意就调岗降薪。此外，我国法律还对怀孕的女职工进行了特殊的保护。《妇女权益保障法》第二十七条第一款和《女职工劳动保护特别规定》第五条明确了用人单位不得因女职工怀孕、生育、哺乳降低其工资、予以辞退、与其解除劳动或者聘用合同。《女职工劳动保护特别规定》第六条第一款明确规定："女职工在孕期不能适应原劳动的，用人单位应当根据医疗机构的证明，予以减轻劳动量或者安排其他能够适应的劳动。"即用人单位可以依据医疗机构的证明主动调整女职工的岗位，女职工也可以主动要求调整工作岗位，但是用人单位不能以女职工怀孕为由降低其工资。

具体到上述案例中，公司没有和小孙提前进行协商，就以小孙怀孕为由将其从财务总监调到了财务顾问岗位，并降低了她的工资，公司的这种做法违反了法律的强制性规定，是不合法的。小孙可以先和公司进行协商，协商不成的可以向当地劳动仲裁委员会申请劳动仲裁，由劳动仲裁委员会解决争议。

法律条文

《中华人民共和国劳动合同法》

第三十五条 用人单位与劳动者协商一致，可以变更劳动合同约定的内容。变更劳动合同，应当采用书面形式。

《女职工劳动保护特别规定》

第五条 用人单位不得因女职工怀孕、生育、哺乳降低其工资、予以辞退、与其解除劳动或者聘用合同。

第六条第一款 女职工在孕期不能适应原劳动的，用人单位应当根据医疗机构的证明，予以减轻劳动量或者安排其他能够适应的劳动。

《中华人民共和国妇女权益保障法》

第二十七条第一款 任何单位不得因结婚、怀孕、产假、哺乳等情形，降低女职工的工资，辞退女职工，单方解除劳动（聘用）合同或者服务协议。但是，女职工要求终止劳动（聘用）合同或者服务协议的除外。

一句话说法

女职工在怀孕期间，身体可能出现各种不适，如果确实无法适应当前的工作强度，女职工可以主动要求用人单位调整工作岗位或者减轻劳动量，但是用人单位不得因此而降低女职工的工资或辞退女职工。

68. 法律给予未成年工哪些特殊保护？

案例背景

小魏今年刚满 16 岁，因为家庭条件不好，自己的学习成绩也不理想，就决定辍学打工。后经同村人介绍，小魏到一家煤矿厂上班，老板安排他和其他成年人一起下矿工作。工作了半年后，小魏叔叔知道了小魏的事情，告诉他小魏还是未成年人，法律规定不能下矿工作，煤矿厂安排他下矿作业是违法的。

学法有疑

小魏作为未成年工参加工作，将受到哪些特殊的法律保护呢？

法律讲堂

我国《劳动法》第五十八条对未成年工进行了明确的界定，即未成年工，是指年满 16 周岁未满 18 周岁的劳动者。根据《劳动法》第六十四条的规定，“不得安排未成年工从事矿山井下、有毒有害、国家规定的第四级体力劳动强度的劳动和其他禁忌从事的劳动”；《未成年人保护法》第六十一条第三款规定，“招用已满十六周岁未成年人的单位和个人应当执行国家在工种、劳动时间、劳动强度和保护措施等方面的规定，不得安排其从事过重、有毒、有害等危害未成年人身心健康的劳动或者危险作业”。即用人单位不得安排未成年工从事矿山井下、有毒有害、国家规定的第四级体力劳动强度的劳动等危害未成年人身心健康的劳动或者危险作业。同时，根据《劳动法》第六十五条规定，用人单位应当安排未成年工进行定期的健康检查。

在上述案例中，小魏作为一名年满 16 周岁但未满 18 周岁的未成年人，符合我国关于未成年工的要求。虽然可以参加工作，但用人单位必须予以特殊保护。煤矿厂安排小魏下矿，从事和其他成年人一样强度的工作，违反了法律的相关规定。面对这种情况，小魏可以先与煤矿厂协商，变更工作岗位，如协商不成，小魏可以向劳动仲裁委员会申请劳动仲裁，通过劳动保障部门的介入维护自己作为未成年工所享有的特殊权益。

法律条文

《中华人民共和国劳动法》

第五十八条 国家对女职工和未成年工实行特殊劳动保护。

未成年工是指年满十六周岁未满十八周岁的劳动者。

第六十四条 不得安排未成年工从事矿山井下、有毒有害、国家规定的第四级体力劳动强度的劳动和其他禁忌从事的劳动。

第六十五条 用人单位应当对未成年工定期进行健康检查。

《中华人民共和国未成年人保护法》

第六十一条第三款 招用已满十六周岁未成年人的单位和个人应当执行国家在工种、劳动时间、劳动强度和保护措施等方面的规定，不得安排其从事过重、有毒、有害等危害未成年人身心健康的劳动或者危险作业。

我国法律规定的未成年工至少应当年满 16 周岁。未成年人想要工作，应当了解一些未成年工权益保护的法律法规，对于损害自己权益的行为，要学会勇敢说“不”。

69. 录用退休人员工作，双方成立的是劳动关系还是劳务关系？

案例背景

2018年10月，年满60周岁的黄先生从某医药公司退休，开始领取退休金。黄先生本想开始自己美好的养老生活，但是天有不测风云。2018年11月，黄先生的儿子小黄被检查出患有胰腺癌，需要高额的医疗费，黄先生倾家荡产，用尽所有积蓄还是不够医疗费。万般无奈之下，黄先生应聘到医院旁边的某工厂当保安，一边照顾儿子，一边做点事攒钱看病。2019年12月，黄先生与工厂签的聘用合同期满后，工厂以黄先生年事已高为由，拒绝和黄先生续签合同。黄先生认为自己为工厂打工，与工厂之间构成劳动关系，工厂不和自己续签合同应当向自己支付经济补偿金。工厂拒绝支付经济补偿金，于是黄先生向当地劳动仲裁委员会申请进行劳动仲裁。当地劳动争议仲裁委员会认为黄先生已经退休并开始领取退休金，已不具备《劳动法》规定的劳动者主体资格，被用人单位聘用后，双方建立的关系为劳务关系，所发生的争议不是劳动争议，工厂不应当向黄先生支付经济补偿金。

学法有疑

单位录用已经领取退休金的人员工作的，双方建立的是劳动关系还是劳务关系？

法律讲堂

根据《最高人民法院关于审理劳动争议案件适用法律问题的解释（一）》第三十二条的规定，用人单位与其招用的已经依法享受养老保险待遇或领取退休金的人员发生用工争议而提起诉讼的，人民法院应当按劳务关系处理。即如果劳动者已经享受了养老保险待遇或者领取退休金后，又与其他用人单位发生用工争议的，劳动者与新的用人单位的关系应按照劳务关系处理。

具体到本案中，黄先生已经从医药公司退休，并开始领取退休金。他退休后又到工厂做保安，与工厂之间应当按照劳务关系处理。当地劳动仲裁委员会的做法是正确的，工厂不应支付黄先生经济补偿金。

法律条文

《最高人民法院关于审理劳动争议案件适用法律问题的解释（一）》

第三十二条 用人单位与其招用的已经依法享受养老保险待遇或者领取退休金的人员发生用工争议而提起诉讼的，人民法院应当按劳务关系处理。

企业停薪留职人员、未达到法定退休年龄的内退人员、下岗待岗人员以及企业经营性停产放长假人员，因与新的用人单位发生用工争议而提起诉讼的，人民法院应当按劳动关系处理。

并不是所有的年满 60 周岁的劳动者被用人单位录用后，都是按照劳务关系处理，劳动者可以了解已满退休年龄仍在工作的各类情形，在发生争议时做到心中有数。

70. 已经享受养老保险待遇的退休返聘人员在工作岗位突发心脏病死亡的，算工伤吗？

案例背景

郑先生是某工厂的高级技工，2018 年退休后开始享受养老保险待遇，在家休养。2019 年 5 月，工厂由于人手紧缺，与郑先生商量将其返聘回来做技术顾问，在家闲着的郑先生也想找点事情做，就答应了工厂。2019 年 7 月 6 日，郑先生在工作时突发心脏病，被工厂紧急送往医院后，经抢救无效死亡。郑先生的妻子李女士认为郑先生是在工作岗位上死亡，应当属于工伤，于是向当地人力资源和社会保障局申请进行工伤认定，但是当地人力资源和社会保障局认为郑先生与工厂之间的关系是劳务关系而不是劳动关系，不符合工伤认定受理条件，作出了不予受理的决定。

学法有疑

郑先生被返聘回工厂后，双方之间是否建立了劳动关系？当地人力资源和社会保障局认定双方为劳务关系是否正确？

法律讲堂

根据《最高人民法院关于审理劳动争议案件适用法律问题的解释（一）》第三十二条的规定，用人单位与其招用的已经依法享受养老保险待遇或领取退休金的人员发生用工争议而提起诉讼的，人民法院应当按劳务关系处理。即如果退休返聘人员已经享受养老保险待遇，就不再具有劳动者主体资格，与用人单位发生的争议应当按照劳务关系处理。根据《工伤保险条例》第二条规定，进行工伤认定的前提是劳动者与用人单位存在劳动关系。已经享受养老保险待遇的退休返聘人员在工作岗位上发生意外受伤或者死亡的，不能认定为工伤。

具体到上述案例中，郑先生已经从工厂退休，享受养老保险待遇，不再具有劳动者的主体资格。工厂返聘郑先生工作后，郑先生与工厂之间的关系应当是劳务关系，当地人力资源和社会保障局认定郑先生在工作岗位上突发心脏病死亡不属于工伤是正确的。

法律条文

《最高人民法院关于审理劳动争议案件适用法律问题的解释（一）》

第三十二条第一款 用人单位与其招用的已经依法享受养老保险待遇或者领取退休金的人员发生用工争议而提起诉讼的，人民法院应当按劳务关系处理。

《工伤保险条例》

第二条 中华人民共和国境内的企业、事业单位、社会团体、民办非企业单位、基金会、律师事务所、会计师事务所等组织和有雇工的个体工商户（以下称用人单位）应当依照本条例规定参加工伤保险，为本单位全部职工或者雇工（以下称职工）缴纳工伤保险费。

中华人民共和国境内的企业、事业单位、社会团体、民办非企业单位、基金会、律师事务所、会计师事务所等组织的职工和个体工商户的雇工，均有依照本条例的规定享受工伤保险待遇的权利。

已经享受养老保险待遇的退休返聘人员在工作岗位受伤的，虽然不能按照《工伤保险条例》享受工伤待遇，但是退休人员可以根据《最高人民法院关于审理人身损害赔偿案件适用法律问题的解释（一）》要求用工单位承担人身损害赔偿责任。

第 8 章 工伤认定与职业病防治

71. 开车上班途中发生交通事故受伤的，一律算工伤吗？

案例背景

夏某是某软件公司技术部的员工，经常开车上下班。一天早上，夏某因前天晚上加班比较晚，早晨醒得较晚，上班很可能迟到，而当天夏某正好还有一个重要的会议要参加。为了能准时参加会议，夏某在路上开车速度非常快。在经过一个红绿灯路口时，夏某因为车速较快，未能及时刹车，导致与前面的车辆相撞。此次事故中，夏某与对方都受到严重伤害。经过几个月的休养之后，夏某康复出院。出院之后，夏某认为自己是在上班途中发生的交通事故，因此，应当认定为工伤。但是，当夏某找到公司人事部要求为其申报工伤时，公司人事部的主管却说，此次交通事故，夏某负主要责任，故公司不能为其申请工伤认定。

学法有疑

职工在上下班途中发生交通事故就一定会认定为工伤吗？

法律讲堂

夏某因此次交通事故所受到的伤害不能认定为工伤，无法享受工伤保险待遇。我国《工伤保险条例》第十四条规定，在上下班途中，受到非本人主要责任的交通事故或者城市轨道交通、客运轮渡、火车事故伤害的，应当认定为工伤。据此可知，职工上下班途中遇到交通事故的，可以认定为工伤，但须同时符合以下条件：（1）必须是在上下班的规定时间内发生的交通事故；（2）必须是在上下班的必经线路上发生的交通事故；（3）必须是本人没有责任或者不承担主要责任；（4）必须是因交通事故或者城市轨道交通、客运轮渡、火车事故受到伤害的。

在本案中，夏某虽然是在上班的时间在去公司的途中发生了交通事故，但是，此次交通事故是因夏某车速过快导致的，即夏某承担事故的主要责任。所以，根据上面法律的规定，夏某所受的伤害不能认定为工伤。

法律条文

《工伤保险条例》

第十四条 职工有下列情形之一的，应当认定为工伤：

……

（六）在上下班途中，受到非本人主要责任的交通事故或者城市轨道交通、客运轮渡、火车事故伤害的；

……

一句话说法

职工在上下班途中因发生交通事故受到伤害，是可以认定为工伤的，但是，值得注意的是，并非只要是因在上下班途中发生交通事故而受到的伤害都一律认定为工伤，即认定工伤必须符合法定的认定条件。

72. 在工伤认定中，“因工外出”如何认定？

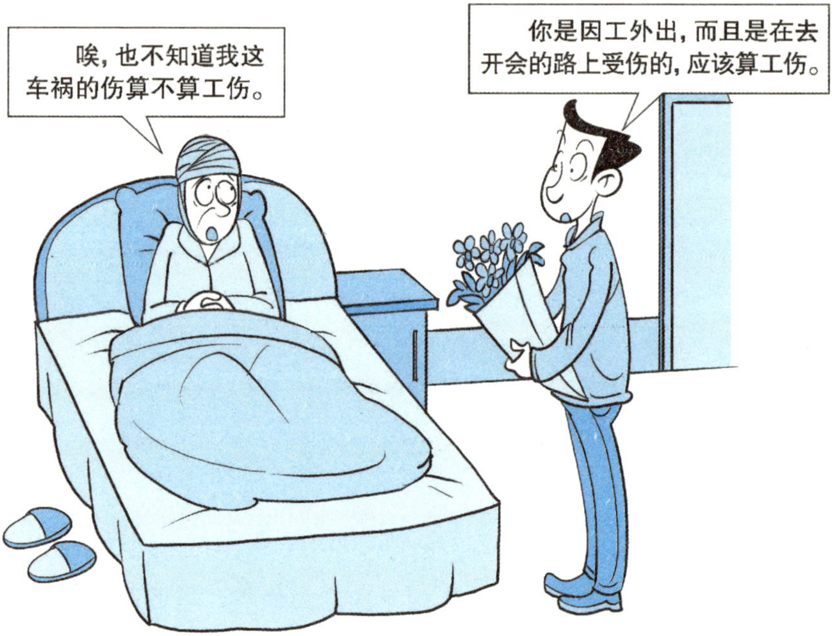

案例背景

杜某是某服装公司设计部的员工，由于其平时工作非常努力，因此，在公司很受领导的重视。2019年4月，某知名服装设计师在某地要举办一场时装发布会，邀请该公司设计部的经理王某去参加，因王某在外地出差，无法出席，故公司便派杜某去参加时装发布会。杜某收到通知后，按照指定日期出差参加。但是，第二天，杜某从酒店步行到会场的路上，不幸发生车祸，被一辆小轿车撞伤。发生交通事故之后，杜某被及时送往医院抢救。经过抢救，杜某脱离了生命危险。在住院期间，杜某非常担心自己这次因工外出时受到的伤害，不能申请工伤认定。

学法有疑

杜某因工外出所受的伤害可以认定为工伤吗？因工外出应如何认定？

法律讲堂

杜某因工外出所受的伤害可以认定为工伤。关于工伤的认定，我国《工伤保险条例》第十四条第五项明确规定，因工外出期间，由于工作原因受到伤害或者发生事故下落不明的，应当认定为工伤。此外，《最高人民法院关于审理工伤保险行政案件若干问题的规定》第五条规定，社会保险行政部门认定下列情形为“因工外出期间”的，人民法院应予支持：（1）职工受用人单位指派或者因工作需要在工作场所以外从事与工作职责有关的活动期间；（2）职工受用人单位指派外出学习或者开会期间；（3）职工因工作需要的其他外出活动期间。由此可知，在上述情况之下，员工因工外出所受伤害都能被认定为工伤。

在本案中，公司派杜某去外地参加时装发布会，杜某在去参加发布会的路上发生车祸，属于在受用人单位指派外出开会期间受伤，所以，杜某的情形可以被认定为“因工外出期间”，其因交通事故而受到的伤害可以被认定为工伤。

法律条文

《工伤保险条例》

第十四条 职工有下列情形之一的，应当认定为工伤：

……

（五）因工外出期间，由于工作原因受到伤害或者发生事故下落不明的；

……

《最高人民法院关于审理工伤保险行政案件若干问题的规定》

第五条 社会保险行政部门认定下列情形为“因工外出期间”

的，人民法院应予支持：

（一）职工受用人单位指派或者因工作需要在工作场所以外从事与工作职责有关的活动期间；

（二）职工受用人单位指派外出学习或者开会期间；

（三）职工因工作需要的其他外出活动期间。

职工因工外出期间从事与工作或者受用人单位指派外出学习、开会无关的个人活动受到伤害，社会保险行政部门不认定为工伤的，人民法院应予支持。

劳动者因工外出而受伤的可以认定为工伤，但是，因工外出受伤时，其必须是职工外出期间从事与工作相关的活动并受到伤害。如果职工是在外出期间进行与工作无关的个人活动，即使符合因工外出的条件，也不能认定为工伤。

73. 对于超过退休年龄的人，还能被认定为工伤？

案例背景

郑某是某机械制造工厂的一名技术人员，在该工厂已经工作了40多年，2019年11月，郑某到了退休年龄。但是，由于他属于工厂的资深员工，厂领导希望他继续工作，在征求过郑某的意见之后，其答应了公司的请求。12月底的一天，郑某在工作的过程中，因机器出现故障，在修理机器时，郑某不慎被机器弄伤，其左手两个手指被机器切断。工厂一直为他缴纳了社会保险，因此，准备为郑某申请工伤认定。但是，郑某想到自己已经是超过退休年龄的人，不知道自己这次受伤是否还能被认定为工伤。

学法有疑

对于超过退休年龄的人，是否还能被认定为工伤？

法律讲堂

超过退休年龄的人，在工作过程中受到的伤害，可以被认定为工伤。关于工伤的认定，我国《工伤保险条例》第十四条明确规定，职工在工作时间和工作场所内，因工作原因受到事故伤害的，可以被认定为工伤。该条例并没有明确说明职工年龄与工伤认定之间的关系。现实中确实存在不少职工达到退休年龄后，仍在单位上班，而发生伤害事故的情况，2007年最高人民法院行政审判庭公布的《关于离退休人员与现工作单位之间是否构成劳动关系以及工作时间内受伤是否适用〈工伤保险条例〉问题的答复》中明确规定，离退休人员受聘于现工作单位，现工作单位已经为其缴纳了工伤保险费，其在受聘期间因工作受到事故伤害的，应当适用《工伤保险条例》的有关规定处理。

据此可知，超过退休年龄的人仍然在原工作单位，工作单位已经为其缴纳了工伤保险，其在工作期间因工受伤的，可以被认定为工伤。在本案中，郑某虽然已经超过了退休年龄，但是，他仍然在现在的单位工作，并且机械制造厂也为他缴纳了社会保险，所以，郑某受到的伤害可以被认定为工伤。

法律条文

《工伤保险条例》

第十四条 职工有下列情形之一的，应当认定为工伤：

（一）在工作时间和工作场所内，因工作原因受到事故伤害的；

……

《最高人民法院行政审判庭关于离退休人员与现工作单位之间是否构成劳动关系以及工作时间内受伤是否适用〈工伤保险条例〉问题的答复》（2007年7月5日 ［2007］行他字第6号）

重庆市高级人民法院：

你院（2006）渝高法行示字第14号《关于离退休人员与现在工作单位之间是否构成劳动关系以及工作时间内受伤是否适用〈工伤保险条例〉一案的请示》收悉。经研究，原则同意你院第二种意见，即：根据《工伤保险条例》第二条、第六十一条等有关规定，离退休人员受聘于现工作单位，现工作单位已经为其缴纳了工伤保险费，其在受聘期间因工作受到事故伤害的，应当适用《工伤保险条例》的有关规定处理。

作为劳动者，即使其已经超过了退休年龄，但是，只要单位为其购买了工伤保险，其在工作中受到的伤害就可以按照《工伤保险条例》的规定申报工伤，享受工伤保险待遇。因此，离退休员工继续为原用人单位工作时，一定要让用人单位为其继续缴纳工伤保险。

74. 在休假期间与同事们结伴出游，突发疾病死亡的，是工伤吗？

案例背景

杨某是某房地产公司的员工，平时工作业绩非常好。2019 年五一期间，房地产公司老板给杨某等人都发了一笔奖金，表彰其近几个月的业绩。为了能够放松心情，杨某准备和几个同事一起到某地旅游。到达旅游景点之后，杨某等人都玩得非常开心。然而，没过一会儿，杨某突然晕倒，杨某的同事马上将杨某送到医院，但杨某最终因抢救无效而死亡。经过诊断，杨某是突发脑出血。在杨某去世之后，杨某的家人认为，杨某是在休假期间突发疾病死亡，并非在家病故的，某房地产公司应当为杨某申请工伤认定。

学法有疑

在休假期间与同事们结伴出游，突发疾病死亡的，可以认定为工伤吗？

法律讲堂

员工在休假期间，突发疾病死亡的，不能认定为工伤。我国《工伤保险条例》第十五条规定，职工在工作时间和工作岗位，突发疾病死亡或者在 48 小时之内经抢救无效死亡的，视同工伤。由此可知，在工作时间和工作岗位，职工因突发疾病死亡的，才能认定为工伤。而员工在休假期间，不属于工作时间，这是单位给予员工的休息休假时间，也不需要为单位工作，因此，其既不属于工作时间，也不在工作岗位上，因此，职工在此期间突发疾病死亡的，无法视同工伤，不能享受工伤保险待遇。

在上面的案例中，杨某虽然是与同事们结伴一起去旅游，但是，他们都是在休假期间，而且他们出游是自愿的，并非单位强制要求，在旅游期间单位也没有安排任何学习任务，所以，杨某突发疾病死亡是不能被认定为工伤的。

法律条文

《工伤保险条例》

第十五条 职工有下列情形之一的，视同工伤：

（一）在工作时间和工作岗位，突发疾病死亡或者在48小时之内经抢救无效死亡的；

（二）在抢险救灾等维护国家利益、公共利益活动中受到伤害的；

（三）职工原在军队服役，因战、因公负伤致残，已取得革命伤残军人证，到用人单位后旧伤复发的。

职工有前款第（一）项、第（二）项情形的，按照本条例的有关规定享受工伤保险待遇；职工有前款第（三）项情形的，按照本条例的有关规定享受除一次性伤残补助金以外的工伤保险待遇。

员工因突发疾病死亡进行工伤认定时，必须符合“在工作时间和工作岗位上”这一法定要件，如果员工是在休假期间，就不能认定为工伤。

75. 员工在公司团建中受伤的，算是工伤吗？

案例背景

王某是某保险公司销售部的工作人员。2019 年 5 月，该保险公司为了提升员工的团队意识，增强员工之间的了解，激励他们更努力工作，就组织了一次公司团建活动，决定在周末，组织销售部全体员工到某地爬山。然而，在爬山的过程中，王某不慎从山坡上跌落下来，导致左腿摔伤。王某在住院期间，向公司提出要申请工伤认定。但是，保险公司认为王某并不是在工作中受伤，故不能认定为工伤。

学法有疑

员工在团建中受伤的，是否可以认定为工伤？

法律讲堂

员工在公司组织的团建活动中受伤的，可以认定为工伤。我国《工伤保险条例》第十四条规定，认定工伤时需要符合工作时间、工作岗位和工作场所等特定条件，职工因工外出期间，由于工作原因受到伤害的，才能认定为工伤。但是，《最高人民法院关于审理工伤保险行政案件若干问题的规定》第五条规定，职工因工作需要的其他外出活动期间，应认定为“因工外出期间”。此外，《人力资源社会保障部关于执行〈工伤保险条例〉若干问题的意见（二）》第四条规定，职工在参加用人单位组织或者受用人单位指派参加其他单位组织的活动中受到事故伤害的，应当视为工作原因，但参加与工作无关的活动除外。据此可知，职工在参加用人单位组织的活动中受伤的，可以认定为工伤。

在本案中，为了提高员工的团队精神，某保险公司组织员工参加团建活动，让员工外出爬山。公司组织团建活动虽然不是在工作，但是却是为了让员工有更好的状态去工作，一般应看作工作时间的延伸，应当属于因工外出期间。所以，王某在公司的团建活动中不慎从山坡跌落，应当视为工作原因，可以认定为工伤。保险公司的说法是错误的，其应当为王某申报工伤认定。

法律条文

《工伤保险条例》

第十四条 职工有下列情形之一的，应当认定为工伤：

……

（五）因工外出期间，由于工作原因受到伤害或者发生事故下落不明的；

……

（七）法律、行政法规规定应当认定为工伤的其他情形。

《最高人民法院关于审理工伤保险行政案件若干问题的规定》

第五条 社会保险行政部门认定下列情形为“因工外出期间”

的，人民法院应予支持：

（一）职工受用人单位指派或者因工作需要在工作场所以外从事与工作职责有关的活动期间；

（二）职工受用人单位指派外出学习或者开会期间；

（三）职工因工作需要的其他外出活动期间。

职工因工外出期间从事与工作或者受用人单位指派外出学习、开会无关的个人活动受到伤害，社会保险行政部门不认定为工伤的，人民法院应予支持。

《人力资源社会保障部关于执行〈工伤保险条例〉若干问题的意见（二）》（人社部发〔2016〕29号）

四、职工在参加用人单位组织或者受用人单位指派参加其他单位组织的活动中受到事故伤害的，应当视为工作原因，但参加与工作无关的活动除外。

职工参加用人单位组织的团建、学习等活动时因意外事故而受伤的，属于工作原因所导致的伤害，这是工作时间和工作场所的合理延伸，对此，职工是可以申请工伤认定的。如果用人单位没有在法定时间内为职工申报工伤，职工或其家属可以直接申报工伤认定。

76. 员工在下班途中突发疾病经抢救无效死亡的，是否可以认定为工伤？

案例背景

周某是某食品加工厂的员工，在该公司已经工作了5年。因周某家离公司非常近，周某经常步行上下班。一天，周某像平时一样下班后走路回家。走到半路时，周某感觉自己非常不舒服，正准备去医院时晕倒。周某被过路的人送往医院抢救，不幸的是，周某经过12小时的抢救，因抢救无效而死亡的。医生称周某是突发心梗而死亡的。周某去世后，周某的妻子认为丈夫是在下班的途中死亡的，所以，准备向公司申请工伤认定。但是，食品加工厂认为，周某并非在上班时间死亡，而是在回家路上且是经过抢救12小时之后死亡的。所以，与工作无关，不能认定为工伤。

学法有疑

员工在下班途中突发疾病经抢救无效死亡的，是否可以认定为工伤？

法律讲堂

根据《工伤保险条例》第十五条第一款第一项的规定，职工在工作时间和工作岗位，突发疾病死亡或者在48小时之内经抢救无效死亡的，视同工伤。由此可知，职工在工作时间突发疾病在48小时内抢救无效死亡的，可以认定为工伤。按照该条规定，似乎周某的死亡确实不符合工伤认定的条件。但是，人力资源社会保障部《关于执行〈工伤保险条例〉若干问题的意见（二）》第六条规定，职工以上下班为目的、在合理时间内往返于工作单位和居住地之间的合理路线，视为上下班途中。可见，“工作时间”不仅包括单位规定的正常工作时间，也包括加班加点的工作时间，还包括工作间隙中的休息时间以及上下班途中的时间。在这些合理的工作时间内，职工突发疾病死亡或者在48小时之内经抢救无效死亡的，也应视同工伤。

在上面的案例中，周某是在下班途中突发疾病的，应属于工作时间的合理延伸，并且周某是在抢救12小时之后死亡的，没有超过法律规定的48小时，所以，周某在下班途中突发疾病因抢救无效死亡的，可以认定为工伤。

法律条文

《工伤保险条例》

第十五条 职工有下列情形之一的，视同工伤：

（一）在工作时间和工作岗位，突发疾病死亡或者在48小时之内经抢救无效死亡的；

（二）在抢险救灾等维护国家利益、公共利益活动中受到伤害的；

（三）职工原在军队服役，因战、因公负伤致残，已取得革命伤残军人证，到用人单位后旧伤复发的。

职工有前款第（一）项、第（二）项情形的，按照本条例的有关规定享受工伤保险待遇；职工有前款第（三）项情形的，按照本条例的有关规定享受除一次性伤残补助金以外的工伤保险待遇。

《人力资源社会保障部关于执行〈工伤保险条例〉若干问题的意见（二）》（人社部发〔2016〕29号）

六、职工以上下班为目的、在合理时间内往返于工作单位和居住地之间的合理路线，视为上下班途中。

职工在工作时间内突发疾病，经过抢救无效而死亡，只要抢救时间在48小时内，就可以认定为工伤。相反，如果在48小时以外死亡的，则无法认定为工伤。

77. 在工作时间内，员工因干私活而受伤的，可以认定为工伤吗？

案例背景

赵某是某家具制造厂的技术工人，手艺特别好，来找其定制家具的人非常多。一天，赵某完成了领导交代的工作后，暂时没有新的任务，赵某想到自己的孩子马上就要出生了，但是还没有婴儿床。所以，赵某便准备利用制造家具剩余的木料为孩子做一个婴儿床。然而，在制作婴儿床的过程中，不小心被电锯锯断了右手的食指。赵某受伤之后，其同事及时将他送到了医院。赵某康复之后，准备向厂里申请工伤认定。可是，家具制造厂认为赵某虽然是在工作时间内受伤，但是，其受伤是因干私活导致的，因此，不属于工伤。

学法有疑

赵某所受的伤害可以认定为工伤吗？

法律讲堂

赵某所受的伤害不属于工伤。根据《工伤保险条例》第十四条规定，员工在工作时间和工作场所内，因工作原因受到事故伤害的，应当被认定为工伤。据此可知，员工所受伤害要被认定为工伤，必须同时具备时间、地点和原因三个要素，且这三个要素都必须是与工作相关的。换言之，并不是上班时间内从事的一切行为所引发的事故都能被认定为工伤，如果员工在工作时间工作场所内干私活，则不具备工作原因这一要件，无法认定为工伤。相反，员工的行为还可能因违反单位的规章制度而受到处罚。

在上面的案例中，赵某虽然是在工作时间和工作场所内受伤，但是，其受伤是因其给自己的孩子制作婴儿床导致的，这与工作无关。所以，赵某所受的伤害不符合法律规定的工伤认定标准，不能被认定为工伤，无法享受工伤保险待遇。

法律条文

《工伤保险条例》

第十四条 职工有下列情形之一的，应当认定为工伤：

（一）在工作时间和工作场所内，因工作原因受到事故伤害的；

（二）工作时间前后在工作场所内，从事与工作有关的预备性或者收尾性工作受到事故伤害的；

（三）在工作时间和工作场所内，因履行工作职责受到暴力等意外伤害的；

……

一句话说法

工伤保险是为职工在工作期间因职业活动而受到伤害时提供的一种社会保障，它是一种雇主责任，需要单位为其职工缴纳工伤保险，因而工伤认定时也要求职工受伤时是在从事与职业相关的活动。否则，职工即使是在工作时间工作场所受到的伤害，也不能认定为工伤。

78. 职工伪造材料骗取工伤保险的，需要承担何种法律责任？

案例背景

孙某是某运输公司的员工，一直在该公司做装卸工。2019 年 8 月，孙某在搬运货物的过程中，不小心被货物砸伤。孙某受伤之后，公司同事及时将其送往医院。孙某康复之后，准备申请工伤保险待遇。但是，孙某觉得如果自己在鉴定报告上写得伤势严重，应该能享受更好的待遇。于是，孙某便找人伪造了一份医疗鉴定书。之后，经过鉴定，孙某被认定为九级伤残，并按此申领了工伤保险待遇。实际上，孙某所受的伤害并不构成伤残等级标准。

学法有疑

孙某伪造材料骗取工伤保险的，需要承担什么责任？

法律讲堂

我国《工伤职工劳动能力鉴定管理办法》第三十条规定：“以欺诈、伪造证明材料或者其他手段骗取鉴定结论、领取工伤保险待遇的，按照《中华人民共和国社会保险法》第八十八条的规定，由人力资源社会保障行政部门责令退回骗取的社会保险金，处骗取金额 2 倍以上 5 倍以下的罚款。”同时，《社会保险法》第八十八条规定，以欺诈、伪造证明材料或者其他手段骗取社会保险待遇的，由社会保险行政部门责令退回骗取的社会保险金，处骗取金额二倍以上五倍以下的罚款。据此可知，职工伪造材料骗取工伤保险待遇的，不但要退回社会保险金，还要承担行政罚款责任。

在上面的案例中，孙某作为劳动者，在受伤之后伪造材料骗取工伤保险待遇，其行为不仅有悖诚实信用的道德准则，也违反了我国法律的禁止性规定。根据法律的规定，孙某不仅要退回工伤保险金，还要受到其所骗取的金额2倍至5倍的罚款处罚。

法律条文

《工伤职工劳动能力鉴定管理办法》

第三十条 以欺诈、伪造证明材料或者其他手段骗取鉴定结论、领取工伤保险待遇的，按照《中华人民共和国社会保险法》第八十八条的规定，由人力资源社会保障行政部门责令退回骗取的社会保险金，处骗取金额2倍以上5倍以下的罚款。

《中华人民共和国社会保险法》

第八十八条 以欺诈、伪造证明材料或者其他手段骗取社会保险待遇的，由社会保险行政部门责令退回骗取的社会保险金，处骗取金额二倍以上五倍以下的罚款。

一句话说法

享受工伤保险待遇，必须以发生工伤事实为基础，以虚假的事实骗取工伤保险金的行为是违法的，骗取工伤保险待遇的员工不但要退回骗取的保险金，还要承担加倍罚款的行政责任。

79. 如何认定劳动者所患疾病是职业病？

案例背景

于某是某染料化工有限公司的车间化验员，在工厂主要负责产品的取样、检验工作，其在该工厂已经工作了5年之久。2018年5月，于某感觉到身体不适，并且皮肤上还出现了瘀斑。但是，于某并没有当回事儿。后来，于某又出现肚子疼、恶心的症状，却仍没有予以重视。直到后来，于某肚子疼的症状不断加剧，在家人的劝说之下，于某才到某市人民医院进行检查。经过诊断，医生称于某所患的是“急性粒细胞白血病”。对此，于某非常惊讶。后经过了解，于某得知该病是因自己经常在化工厂接触有毒物质导致的。为此，于某准备申请认定自己所患疾病是职业病。

学法有疑

如何认定劳动者所患疾病是职业病？

法律讲堂

对于职业病的认定，我国法律有专门规定。我国《职业病防治法》第四十四条规定，劳动者可以在用人单位所在地、本人户籍所在地或者经常居住地依法承担职业病诊断的医疗卫生机构进行职业病诊断。该法第四十六条规定，职业病诊断应当综合分析下列因素：（1）病人的职业史；（2）职业病危害接触史和工作场所职业病危害因素情况；（3）临床表现以及辅助检查结果等。没有证据否定职业病危害因素与病人临床表现之间的必然联系的，在排除其他致病因素后，应当诊断为职业病。职业病诊断证明书应当由参与诊断的医师共同签署，并经承担职业病诊断的医疗卫生机构审核盖章。由此可见，职工罹患职业病后，应当到法定的具有职业病鉴定资质的医疗机构进行诊断，并由参与诊断的医师共同签署职业病诊断证明书，之后，职工才可以申报职业病工伤保险待遇。

在本案中，如果于某要认定自己所患的白血病是职业病，其应当到自己的单位所在地、户籍所在地或者经常居住地依法承担职业病诊断的医疗卫生机构进行职业病诊断。在进行诊断时，医疗卫生机构会结合于某的职业史、危害接触史，并进行现场危害调查，结合临床表现以及相关的检查结果分析于某是否患上职业病。

法律条文

《中华人民共和国职业病防治法》

第四十四条 劳动者可以在用人单位所在地、本人户籍所在地或者经常居住地依法承担职业病诊断的医疗卫生机构进行职业病诊断。

第四十六条 职业病诊断，应当综合分析下列因素：

（一）病人的职业史；

（二）职业病危害接触史和工作场所职业病危害因素情况；

（三）临床表现以及辅助检查结果等。

没有证据否定职业病危害因素与病人临床表现之间的必然联系的，应当诊断为职业病。

职业病诊断证明书应当由参与诊断的取得职业病诊断资格的执业医师签署，并经承担职业病诊断的医疗卫生机构审核盖章。

劳动者在工作中，很多工作岗位如果防护不到位，就很可能引起职业病。如何确认劳动者所患疾病是职业病非常重要，劳动者在认定时应当到指定的鉴定机构，按照法律规定的程序办理。

80. 职工患职业病后，应在多长时间内提出工伤认定申请？

案例背景

潘某是某矿业公司的职工，在该公司已经工作了近10年。2019年3月，潘某因感冒咳嗽，到医院检查。经过检查，医生称潘某并非因感冒引起咳嗽，而是患上了硅肺病。潘某认为自己所患的病应该是职业病，很可能与自己的工作环境有关。于是，潘某便开始申请职业病认定。三个月之后，潘某所患的硅肺病被认定为职业病。为此，潘某也不得不退出岗位。在确定了职业病之后，潘某打算申报工伤。但是，潘某所在的公司为了避免承担责任，一直没有为潘某申请工伤认定。

学法有疑

潘某在患职业病后，应当在多长时间内提出工伤认定申请？

法律讲堂

我国《职业病防治法》第五十七条、第五十八条规定，职业病病人享有工伤保险待遇，职业病病人的诊疗、康复费用，伤残以及丧失劳动能力的职业病病人的社会保障，按照国家有关工伤保险的规定执行。但是，职业病病人享受工伤保险待遇，必须先进行工伤认定申请。根据我国《工伤认定办法》第四条、第五条的规定，职工所在单位应当自事故伤害发生之日或者被诊断、鉴定为职业病之日起30日内，向统筹地区社会保险行政部门提出工伤认定申请。遇有特殊情况，经报社会保险行政部门同意，申请时限可以适当延长。如果用人单位未在规定的时限内提出工伤认定申请的，受伤害职工或者其近亲属、工会组织在事故伤害发生之日或者被诊断、鉴定为职业病之日起 1 年内，可以直接提出工伤认定申请。据此可知，职工在患职业病后，必须在规定期限内提出工伤认定申请。

在上面的案例中，潘某在被诊断为职业病之后，其所在单位应当在其被诊断为职业病之日起30 日内，向当地的社保机关提出工伤认定申请。如果单位一直拖延，潘某或者其家属可以自己提出申请。

法律条文

《中华人民共和国职业病防治法》

第五十七条 职业病病人的诊疗、康复费用，伤残以及丧失劳动能力的职业病病人的社会保障，按照国家有关工伤保险的规定执行。

第五十八条 职业病病人除依法享有工伤保险外，依照有关民事法律，尚有获得赔偿的权利的，有权向用人单位提出赔偿要求。

《工伤认定办法》

第四条第一款 职工发生事故伤害或者按照职业病防治法规定被诊断、鉴定为职业病，所在单位应当自事故伤害发生之日或者被诊断、鉴定为职业病之日起30 日内，向统筹地区社会保险行政部门提出工伤认定申请。遇有特殊情况，经报社会保险行政部门同意，申请时限可以适当延长。

第五条 用人单位未在规定的时限内提出工伤认定申请的，受伤害职工或者其近亲属、工会组织在事故伤害发生之日或者被诊断、鉴定为职业病之日起 1 年内，可以直接按照本办法第四条规定提出工伤认定申请。

劳动者在患职业病之后，需要申请工伤认定才能享受工伤保险待遇。但是，申请工伤认定有一定的期限，用人单位未在规定期限内提出申请的，职工可以自己提出申请。劳动者因患有职业病除依法享有工伤保险外，还可以向用人单位提出赔偿要求。

第9章 劳动争议处理

81. 因为疫情，没有在一年内申请劳动仲裁，还可以申请吗？

案例背景

王小姐是一名互联网公司的技术总监，工作一直兢兢业业。2019年2月，公司得知王小姐已经于2018年结婚，但由于王小姐当时与公司签订的劳动合同中约定，王小姐在劳动合同到期前即2020年8月前不能结婚。公司遂以王小姐违反劳动合同为由，和她解除了劳动合同。

2020年春节期间，王小姐碰到了自己的高中同学，该同学恰好是一名律师。二人在闲聊时，王小姐的同学得知其因结婚被公司开除，便告诉她公司的这种行为已经侵犯了王小姐的合法权益，她可以通过申请劳动仲裁解决。但是，申请劳动仲裁的时间为1年，2月是最后一个月，却正是新冠疫情最为严重的时候，王小姐没有办法申请仲裁。王小姐的同学又告诉她，现在属于特殊时期，她可以等疫情平稳后再申请劳动仲裁。王小姐听同学解释了一番，还是将信将疑。

学法有疑

劳动者因为疫情，没有在一年内申请劳动仲裁的，还可以申请进行劳动仲裁吗？

法律讲堂

根据我国《劳动争议调解仲裁法》第二十七条的规定，劳动争议申请仲裁时效期间为一年，自当事人知道或应当知道其权利被侵害之日起。但是，在某些情况下仲裁时效可能会中断或中止。因不可抗力或者有其他正当理由，当事人不能在一年仲裁时效内申请仲裁的，仲裁时效中止。从中止时效的原因消除之日起，仲裁时效期间继续计算。2020年春节，全国范围内突发新冠疫情，经济社会多个方面都受到影响，为妥善处理这前后发生的劳动纠纷问题，国家出台了相关法律法规，如《人力资源社会保障部办公厅关于妥善处理新型冠状病毒感染的肺炎疫情防控期间劳动关系问题的通知》，该通知第三条规定："因受疫情影响造成当事人不能在法定仲裁时效期间申请劳动人事争议仲裁的，仲裁时效中止。从中止时效的原因消除之日起，仲裁时效期间继续计算……"因此，如果劳动者受到新冠疫情的影响，无法在法定期间内申请劳动仲裁的，仲裁时效中止，仲裁时效期间停止计算。等待疫情平稳可以申请劳动仲裁后，仲裁时效期间继续计算。

具体到上述案例中，王小姐因受到新冠疫情的影响，而无法在1

年的法定仲裁时效期间内申请劳动仲裁的，仲裁时效期间应当停止计算，在能申请进行劳动仲裁之时，由于仲裁时效仅剩一月，王小姐应立即提出劳动仲裁申请，以维护自己的合法权益。

法律条文

《中华人民共和国劳动争议调解仲裁法》

第二十七条 劳动争议申请仲裁的时效期间为一年。仲裁时效期间从当事人知道或者应当知道其权利被侵害之日起计算。

前款规定的仲裁时效，因当事人一方向对方当事人主张权利，或者向有关部门请求权利救济，或者对方当事人同意履行义务而中断。从中断时起，仲裁时效期间重新计算。

因不可抗力或者有其他正当理由，当事人不能在本条第一款规定的仲裁时效期间申请仲裁的，仲裁时效中止。从中止时效的原因消除之日起，仲裁时效期间继续计算。

劳动关系存续期间因拖欠劳动报酬发生争议的，劳动者申请仲裁不受本条第一款规定的仲裁时效期间的限制；但是，劳动关系终止的，应当自劳动关系终止之日起一年内提出。

《人力资源社会保障部办公厅关于妥善处理新型冠状病毒感染的肺炎疫情防控期间劳动关系问题的通知》

三、因受疫情影响造成当事人不能在法定仲裁时效期间申请劳动人事争议仲裁的，仲裁时效中止。从中止时效的原因消除之日起，仲裁时效期间继续计算。因受疫情影响导致劳动人事争议仲裁机构难以按法定时限审理案件的，可相应顺延审理期限。

一句话说法

如果劳动者的合法权益受到了侵害，劳动者应当在仲裁时效期间积极行使自己的权利，向劳动仲裁委员会申请仲裁。当然，如果确实发生了劳动仲裁时效中止或中断的事由，劳动者也不必担心，在中止或中断原因消除后，劳动者仍可以通过仲裁维权。

82. 劳动者可以在辞职一年后提出劳动仲裁要求补发工资吗？

案例背景

2017 年，方先生加入某家电公司，成为其销售部的一名员工。双方在劳动合同中约定，方先生的每月基本工资为 3000 元，绩效按每月的业绩进行提成。方先生因为孩子上学需要钱，家庭压力较大，工作积极性也比较高，每个月绩效提成都较高，工资一般都在一万元左右。2018 年 5 月，方先生因为销售业绩优异，被公司的竞争对手"挖过去"，方先生便向公司提出了辞职，离开了该公司。2020

年2月，因为疫情原因，方先生基本上没有销售业绩，到手工资也较少。方先生想起自己在前公司上班时前公司给自己少计算了业绩工资，离职时迫于压力不敢提，到了新公司后比较忙忘记了这件事。那么，现在方先生还可以申请劳动仲裁，要求前公司补发工资吗？

学法有疑

劳动者可以在辞职一年后提出劳动仲裁，要求补发工资吗？

法律讲堂

根据我国《劳动争议调解仲裁法》第二十七条的规定："劳动争议申请仲裁的时效期间为一年。仲裁时效期间从当事人知道或者应当知道其权利被侵害之日起计算。……劳动关系存续期间因拖欠劳动报酬发生争议的，劳动者申请仲裁不受本条第一款规定的仲裁时效期间的限制；但是，劳动关系终止的，应当自劳动关系终止之日起一年内提出。"即我国劳动争议仲裁的时效为一年，从当事人知道或者应当知道其权利被侵害之日起计算。因拖欠劳动报酬发生的争议不受一年限制，但应该在劳动关系终止后一年内提出。

具体到本案中，方先生在2018年5月向前公司提出辞职，离职一年半后才想起来申请劳动仲裁，要求前公司补发工资。由于方先生的申请时间已经过了仲裁时效，如果前公司以他的申请已经经过了仲裁时效进行抗辩，那么他补发工资的请求将得不到劳动仲裁委员会的支持。

法律条文

《中华人民共和国劳动争议调解仲裁法》

第二十七条 劳动争议申请仲裁的时效期间为一年。仲裁时效期间从当事人知道或者应当知道其权利被侵害之日起计算。

前款规定的仲裁时效，因当事人一方向对方当事人主张权利，或者向有关部门请求权利救济，或者对方当事人同意履行义务而中断。从中断时起，仲裁时效期间重新计算。

因不可抗力或者有其他正当理由，当事人不能在本条第一款规定的仲裁时效期间申请仲裁的，仲裁时效中止。从中止时效的原因消除之日起，仲裁时效期间继续计算。

劳动关系存续期间因拖欠劳动报酬发生争议的，劳动者申请仲裁不受本条第一款规定的仲裁时效期间的限制；但是，劳动关系终止的，应当自劳动关系终止之日起一年内提出。

一句话说法

法律不保护躺在权利上睡觉的人。如果当事人不在仲裁时效期间内积极行使救济权利，错过了仲裁时效，将丧失胜诉权，当事人的合法权利极有可能得不到法律的保护。

83. 用人单位未缴、欠缴社会保险费或未按规定的工资基数足额缴纳社会保险费的，是否属于劳动争议？

案例背景

2017 年 6 月，林先生大学毕业后，通过校园招聘进入某家医药公司行政部工作，与公司约定每月工资 8000 元。2019 年 6 月，劳动合同期满，林先生决定不再和该医药公司续约，便找了份新工作。在办理社会保险关系转移手续中，林先生发现公司为自己缴纳社会保险的工资基数为 5000 元，远远低于自己的实际工资，认为公司侵犯了自己的合法权益，于是主张补缴。那么，公司未按规定的工资基数足额缴纳社会保险费与林先生发生争议的，是否属于劳动争议呢？

学法有疑

用人单位未缴、欠缴社会保险费或未按规定的工资基数足额缴纳社会保险费的，是否属于劳动争议？

法律讲堂

为了保障员工的合法权益，我国《劳动法》第七十二条、第七十三条明确规定，用人单位必须为员工参保，按照法律的规定按时、足额为员工缴纳社会保险费。同时，根据《劳动法》第一百条、《社会保险法》第六十三条第一款的规定，用人单位无故不缴纳社会保险费的，由劳动行政部门责令其限期缴纳。如果员工发现用人单位未缴、欠缴社会保险费或未按规定的工资基数足额缴纳社会保险费的，可以根据《社会保险法》第八十三条第三款的规定，要求社会保险行政部门依法进行处理。

具体到上面这个案例中，林先生的工资为每月 8000 元，但是公司为林先生缴纳社会保险的工资基数为 5000 元，没有足额缴纳社会保险费，已然违反了相关法律规定，但是社会保险费用的缴纳属于社会保险行政部门的职能范围，林先生主张补缴，和公司之间的争议不属于劳动争议纠纷，他可以依法向当地的社会保险行政部门进行投诉，要求公司补足未缴的社会保险费用。只有公司未按规定缴纳社会保险费，导致劳动者不能享受工伤、失业、生育、医疗保险待遇时，才属于劳动争议。

法律条文

《中华人民共和国劳动法》

第七十二条 社会保险基金按照保险类型确定资金来源，逐步实行社会统筹。用人单位和劳动者必须依法参加社会保险，缴纳社会保险费。

第七十三条第三款 劳动者享受社会保险待遇的条件和标准由法律、法规规定。

第七十三条第四款 劳动者享受的社会保险金必须按时足额支付。

第一百条 用人单位无故不缴纳社会保险费的，由劳动行政部门责令其限期缴纳；逾期不缴的，可以加收滞纳金。

《中华人民共和国社会保险法》

第六十三条第一款 用人单位未按时足额缴纳社会保险费的，由社会保险费征收机构责令其限期缴纳或者补足。

第八十三条第三款 个人与所在用人单位发生社会保险争议的，可以依法申请调解、仲裁，提起诉讼。用人单位侵害个人社会保险权益的，个人也可以要求社会保险行政部门或者社会保险费征收机构依法处理。

一句话说法

根据法律规定，公司应当向员工公示社会保险的缴纳情况。缴纳社会保险费用的基数与自身享受社会保险待遇的合法权益有关，员工还是应当重点关注其是否与自己的工资水平符合。

84. 被原公司安排到新公司工作，离职后计算经济补偿时，能将两个公司的工作年限合并吗？

案例背景

王先生从2008年研究生毕业后就一直在A家具公司上班。2013年4月，A家具公司被B家具公司收购，A家具公司解除了与王先生的劳动合同，未支付任何经济补偿金，而是将王先生安排到B家具公司上班。之后，王先生与B家具公司签订了3年的劳动合同。2016年4月，王先生的劳动合同到期，未再与B家具公司签订劳动合同。离职时，王先生发现B家具公司在计算经济补偿金时，只计算了自己在B家具公司的工作年限，没有计算自己在A家具公司的工作时限，认为B家具公司工作年限计算错误。B家具公司的财务经理称，公司只与王先生签订了3年劳动合同，工作年限计算没有错误。

学法有疑

公司被收购后，被原公司安排到新公司工作，从新公司离职后，计算劳动者的经济补偿时，能将两个公司的工作年限合并吗？

法律讲堂

根据《最高人民法院关于审理劳动争议案件适用法律问题的解释（一）》第四十六条的规定，劳动者非因本人原因从原用人单位被安排到新用人单位工作，原用人单位未支付经济补偿，新用人单位向劳动者提出终止劳动合同，在计算支付经济补偿或赔偿金的工作年限时，劳动者可以请求把在原用人单位的工作年限合并计算为新用人单位工作年限。

具体到本案中，王先生因为原公司被新公司收购进入新公司工作，属于“因用人单位合并、分立等原因导致劳动者工作调动”，并非王先生个人原因造成的工作单位变动，由于他在和前公司解除劳动合同时，没有拿到经济补偿金。因此，王先生在与 B 公司终止劳动合同时，有权要求新公司合并计算自己在两个公司的工作年限。

法律条文

《最高人民法院关于审理劳动争议案件适用法律问题的解释（一）》

第四十六条 劳动者非因本人原因从原用人单位被安排到新用人单位工作，原用人单位未支付经济补偿，劳动者依据劳动合同法第三十八条规定与新用人单位解除劳动合同，或者新用人单位向劳动者提出解除、终止劳动合同，在计算支付经济补偿或赔偿金的工作年限时，劳动者请求把在原用人单位的工作年限合并计算为新用人单位工作年限的，人民法院应予支持。

用人单位符合下列情形之一的，应当认定属于“劳动者非因本人原因从原用人单位被安排到新用人单位工作”：

（一）劳动者仍在原工作场所、工作岗位工作，劳动合同主体由原用人单位变更为新用人单位；

（二）用人单位以组织委派或任命形式对劳动者进行工作调动；

（三）因用人单位合并、分立等原因导致劳动者工作调动；

（四）用人单位及其关联企业与劳动者轮流订立劳动合同；

（五）其他合理情形。

劳动者非因本人原因发生了工作调动，如果原来的公司没有支付经济补偿金的，劳动者在与新公司终止劳动合同或者解除劳动合同时，有权请求新公司将自己在原公司的工作年限合并计算，按照合并后的工作年限领取经济补偿金。

85. 用人单位违法解除劳动合同的，怎样计算赔偿金？

案例背景

2016 年 3 月，李先生进入一家玻璃厂当工人，约定每月工资为 5000 元。2018 年 12 月的一天，李先生上班时突然感觉身体不舒服，到医院检查发现是肺结核，需要看病休养两个月，才能回来工作。两天后，玻璃厂知道了李先生的病情，以李先生休假时间过长影响工作为由，单方和李先生解除了劳动合同。李先生很不服，认为工厂毫无人情味，于是咨询了律师。律师告诉李先生，玻璃厂解除劳动合同是违法的，需要支付李先生赔偿金。

学法有疑

用人单位违法解除劳动合同的，怎样计算赔偿金？

法律讲堂

为了保护劳动者的合法权益，我国《劳动合同法》第四十二条规定，用人单位在下列情况下，不能通过预告解除和经济性裁员的方式，辞退劳动者：(一) 从事接触职业病危害作业的劳动者未进行离岗前职业健康检查，或者疑似职业病病人在诊断或者医学观察期间的；(二) 在本单位患职业病或者因工负伤并被确认丧失或者部分丧失劳动能力的；(三) 患病或者非因工负伤，在规定的医疗期内的；(四) 女职工在孕期、产期、哺乳期的；(五) 在本单位连续工作满 15 年，且距法定退休年龄不足 5 年的；(六) 法律、行政法规规定的其他情形。如果用人单位违法解除了劳动合同，根据《劳动合同法》第八十七条的规定，用人单位应当按照第四十七条规定的经济补偿标准的二倍向劳动者支付赔偿金。

具体到本案中，李先生患病时，公司以李先生休假时间过长影响工作为由辞退了李先生，公司单方面和李先生解除劳动合同的行为是违法的。李先生在玻璃厂工作了2年9个月，因9个月超过6个月，按三年计算。那么，玻璃厂应向其支付赔偿金，标准为李先生3个月的工资标准的经济补偿数额的两倍，即3个月乘以月工资5000元，再乘以2，共30000元的经济赔偿金。

法律条文

《中华人民共和国劳动合同法》

第四十二条 劳动者有下列情形之一的，用人单位不得依照本法第四十条、第四十一条的规定解除劳动合同：

（一）从事接触职业病危害作业的劳动者未进行离岗前职业健康检查，或者疑似职业病病人在诊断或者医学观察期间的；

（二）在本单位患职业病或者因工负伤并被确认丧失或者部分丧失劳动能力的；

（三）患病或者非因工负伤，在规定的医疗期内的；

（四）女职工在孕期、产期、哺乳期的；

（五）在本单位连续工作满十五年，且距法定退休年龄不足五年的；

（六）法律、行政法规规定的其他情形。

第四十七条 经济补偿按劳动者在本单位工作的年限，每满一年支付一个月工资的标准向劳动者支付。六个月以上不满一年的，按一年计算；不满六个月的，向劳动者支付半个月工资的经济补偿。

劳动者月工资高于用人单位所在直辖市、设区的市级人民政府公布的本地区上年度职工月平均工资三倍的，向其支付经济补偿的标准按职工月平均工资三倍的数额支付，向其支付经济补偿的年限最高不超过十二年。

本条所称月工资是指劳动者在劳动合同解除或者终止前十二个月的平均工资。

第八十七条 用人单位违反本法规定解除或者终止劳动合同的，应当依照本法第四十七条规定的经济补偿标准的二倍向劳动者支付赔偿金。

一句话说法

考虑到相对于用人单位而言，劳动者往往处于弱势地位，我国劳动法对劳动者的权益进行了倾斜性的保护。如果用人单位违法解除了劳动合同，劳动者有权要求用人单位支付经济补偿金的两倍作为赔偿金。

86. 如何计算用人单位对劳动者的经济补偿？

案例背景

2017 年 3 月，高女士到某某火锅店做服务员，与火锅店签订了 2 年的劳动合同，约定每月工资 2500 元。2019 年 3 月，高女士的劳动合同到期，火锅店因为高女士的服务态度一般，不想再与高女士续订劳动合同，给高女士发了两个月工资作为经济补偿金。高女士很不满，认为火锅店发的补偿金太少。

学法有疑

火锅店发的经济补偿金合法吗？有法定的计算依据和标准吗？

法律讲堂

根据我国《劳动合同法》第四十四条第一项和第四十六条第五款的规定，劳动合同期满后，用人单位不与劳动者续订劳动合同的，应当支付劳动者经济补偿金。该法第四十七条明确规定了劳动合同解除后，经济补偿金的计算标准，即经济补偿按劳动者在本单位工作的年限，每满一年支付一个月工资的标准向劳动者支付。六个月以上不满一年的，按一年计算；不满六个月的，向劳动者支付半个月工资的经济补偿。

具体到本案中，火锅店以劳动合同期满为由不与高女士续订劳动合同，需要支付高女士经济补偿金。由于高女士在火锅店工作了2年，可以得到2个月工资的经济补偿金，火锅店的做法是合法的。

法律条文

《中华人民共和国劳动合同法》

第四十四条 有下列情形之一的，劳动合同终止：

（一）劳动合同期满的；

……

第四十六条 有下列情形之一的，用人单位应当向劳动者支付经济补偿：

……

（五）除用人单位维持或者提高劳动合同约定条件续订劳动合同，劳动者不同意续订的情形外，依照本法第四十四条第一项规定终止固定期限劳动合同的；

……

第四十七条 经济补偿按劳动者在本单位工作的年限，每满一年支付一个月工资的标准向劳动者支付。六个月以上不满一年的，按一年计算；不满六个月的，向劳动者支付半个月工资的经济补偿。

劳动者月工资高于用人单位所在直辖市、设区的市级人民政府公布的本地区上年度职工月平均工资三倍的，向其支付经济补偿的标准按职工月平均工资三倍的数额支付，向其支付经济补偿的年限最高不超过十二年。

本条所称月工资是指劳动者在劳动合同解除或者终止前十二个月的平均工资。

一句话说法

一般而言，用人单位在与劳动者解除或终止劳动合同时，需要给付劳动者一笔经济补偿金，保障劳动者在离开用人单位后的基本生活。经济补偿金的计算依据就是劳动者的工作年限，因此，劳动者一定要记清自己的工作时间、工作年限。

87. 劳动者从公司离职后获得的经济补偿金，所依据的“月工资”标准是什么？

案例背景

2017年2月，李女士进入一家酒店做保洁员。2020年2月，受新冠疫情的影响，酒店业务惨淡，决定裁减人员，与部分员工解除劳动合同。酒店向李女士提出解除劳动合同，李女士考虑到自己最近身体不好，想休息一段时间，就同意了解除劳动合同。之后，酒店按照《劳动合同法》的规定向李女士支付了经济补偿金。李女士想知道酒店支付的经济补偿金的数额是否正确。

学法有疑

劳动者从公司离职后获得的经济补偿金，所依据的“月工资”标准是什么？

法律讲堂

根据《劳动合同法》第四十七条第二款和第三款的规定，劳动者离职时获得的经济补偿金中，所依据的“月工资”，是指劳动者在劳动合同解除或者终止前12个月的平均工资。劳动者月工资高于用人单位所在直辖市、设区的市级人民政府公布的本地区上年度职工月平均工资三倍的，向其支付经济补偿的标准按职工月平均工资三倍的数额支付，向其支付经济补偿的年限最高不超过12年。同时，《劳动合同法实施条例》第二十七条进一步明确规定了“月工资”所包括的具体内容，即劳动者从公司获得的经济补偿的月工资按照劳动者应得工资计算，包括计时工资或者计件工资以及奖金、津贴和补贴等货币性收入。如果劳动者在劳动合同解除或者终止前12个月的平均工资低于当地最低工资标准的，按照当地最低工资标准计算。劳动者工作不满12个月的，按照实际工作的月数计算平均工资。

具体到本案中，李女士获得的经济补偿中的月工资包括她的基本工资、奖金、津贴和补贴，且按照李女士在劳动合同解除前 12 个月的平均工资计算。如果她的平均工资低于当地最低工资标准的，以当地最低工资标准计算，如果她的月平均工资高于当地上年度职工月平均工资三倍的，按职工月平均工资三倍的数额计算。

法律条文

《中华人民共和国劳动合同法实施条例》

第二十七条 劳动合同法第四十七条规定的经济补偿的月工资按照劳动者应得工资计算，包括计时工资或者计件工资以及奖金、津贴和补贴等货币性收入。劳动者在劳动合同解除或者终止前 12 个月的平均工资低于当地最低工资标准的，按照当地最低工资标准计算。劳动者工作不满 12 个月的，按照实际工作的月数计算平均工资。

《中华人民共和国劳动合同法》

第四十七条 经济补偿按劳动者在本单位工作的年限，每满一年支付一个月工资的标准向劳动者支付。六个月以上不满一年的，按一年计算；不满六个月的，向劳动者支付半个月工资的经济补偿。

劳动者月工资高于用人单位所在直辖市、设区的市级人民政府公布的本地区上年度职工月平均工资三倍的，向其支付经济补偿的标准按职工月平均工资三倍的数额支付，向其支付经济补偿的年限最高不超过十二年。

本条所称月工资是指劳动者在劳动合同解除或者终止前十二个月的平均工资。

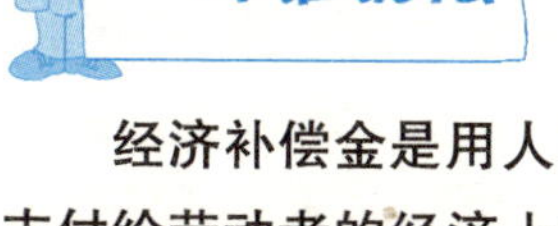

经济补偿金是用人单位在劳动合同解除或终止后，依法一次性支付给劳动者的经济上的补助。我们需要了解经济补偿金中月工资的标准，在解除劳动合同时，可以根据自己的平时工资来计算用人单位发放的补偿金的数额是否正确，避免自己的合法权益受到侵害。

88. 公司可以单方面解除竞业限制协议吗？

案例背景

李小姐是某家智能 AI 公司的产品开发人员，从事智能 AI 系统的开发研究工作。2018 年 3 月，李小姐准备离职。由于公司的 AI 系统已经研发成功，即将上市，为了使公司的产品保持市场竞争力，公司与李小姐签订了一份《竞业限制协议》，约定李小姐离职 2 年内不得在与本公司有业务竞争关系的公司工作，为此给予李小姐每月补偿 1 万元。李小姐离职后，转行做了会计。2019 年 6 月，由于国内其他公司已经相继推出类似系统，公司的 AI 系统再无保密需要，公司与李小姐联系，想要解除竞业限制协议。

学法有疑

公司可以单方面解除竞业限制协议吗？

法律讲堂

《最高人民法院关于审理劳动争议案件适用法律问题的解释(一)》第三十九条第一款规定："在竞业限制期限内，用人单位请求解除竞业限制协议的，人民法院应予支持。"

由于竞业限制协议签订的目的在于保护用人单位的商业秘密，所以当用人单位认为其商业秘密无须再予以特别保护时，法律赋予了用人单位单方面解除竞业限制协议的权利。同时，为了补偿劳动者，法律规定用人单位单方面解除竞业限制协议时，需额外支付劳动者三个月的经济补偿，这更有利于保护劳动者的生存权。

具体到上述案例中，虽然公司与李小姐签订的《竞业限制协议》还未到期，但是公司认为自己的 AI 系统已经无保密的必要，可以单方面通知李小姐解除协议，但是李小姐可以要求公司额外支付三个月的经济补偿，来弥补自己的损失。

法律条文

《最高人民法院关于审理劳动争议案件适用法律问题的解释（一）》

第三十九条 在竞业限制期限内，用人单位请求解除竞业限制协议的，人民法院应予支持。

在解除竞业限制协议时，劳动者请求用人单位额外支付劳动者三个月的竞业限制经济补偿的，人民法院应予支持。

一句话说法

法律基于公平的考量，既赋予了用人单位单方解除权，又给予了劳动者经济补偿权。用人单位可以单方面解除竞业限制协议，但是劳动者有权要求用人单位支付三个月的竞业限制经济补偿金。我们需要了解法律关于竞业限制协议的相关规定，做到心中有数，游刃有余。

89. 劳动者因违反竞业限制承担违约责任后，还需要继续履行竞业限制义务吗？

案例背景

2017 年 3 月，林先生离开某互联网公司，在离职前，林先生与公司签订了《竞业限制协议》，约定林先生 2 年内不得在与本公司有业务竞争关系的公司工作，并且明确约定了竞业限制的补偿金和违约责任。李先生离职后，公司按照约定向林先生按月支付竞业限制经济补偿，林先生悠然自得地在家休息了一段时间。2019 年 1 月，公司发现林先生半年前就已经在另一家互联网公司工作，且该公司与本公司具有竞争关系，于是要求林先生马上离职，并承担违约责任。林先生予以拒绝，原公司诉至法院，要求林先生承担违反竞业限制的违约责任，并继续履行竞业限制协议。

学法有疑

劳动者因违反竞业限制承担违约责任后，还需要继续履行竞业限制义务吗？

法律讲堂

《最高人民法院关于审理劳动争议案件适用法律问题的解释（一）》第四十条规定："劳动者违反竞业限制约定，向用人单位支付违约金后，用人单位要求劳动者按照约定继续履行竞业限制义务的，人民法院应予支持。"竞业限制主要是通过对劳动者自主就业的权利进行一定时间、一定程度的限制，来保护用人单位的商业秘密。在劳动者承担违约责任后，用人单位的商业秘密仍处于被暴露的风险中，因此，法律明确规定劳动者向用人单位支付违约金后，用人单位仍然可以要求劳动者继续履行竞业限制义务。

具体到上述案例中，林先生离开原公司后，在和原公司签订竞业限制协议的情况下，在与原公司有竞争关系的新公司上班，违反了竞业限制协议的约定，公司可以要求林先生按照竞业限制协议的约定支付违约金，并要求林先生继续履行竞业限制协议。

法律条文

《最高人民法院关于审理劳动争议案件适用法律问题的解释(一)》

第四十条 劳动者违反竞业限制约定，向用人单位支付违约金后，用人单位要求劳动者按照约定继续履行竞业限制义务的，人民法院应予支持。

法律允许用人单位通过与劳动者签订竞业限制协议的方式，在保障劳动者生存权的前提下，保护用人单位的商业秘密。劳动者也应当自觉履行竞业限制的约定，否则不但要继续履行竞业限制义务，还要承担违约责任，得不偿失。

90. 用人单位强迫员工进行劳动，将会受到怎样的惩罚?

案例背景

小李在某市的一家服装厂上班，由于服装厂的衣服款式新颖，销量很好，但是老板想节约成本，便在劳动力上动起了歪脑筋。为了完成客户的订单，服装厂要求每个工人每天必须完成一定的工作量才能下班，还安排了保安在门口把守，没有完成工作任务就不让工人回家。某天，小李的同事小王身体吃不消，实在完成不了任务，便向老板请求先回家休息，明天再继续干。老板拒绝了，还威胁小王若没干完晚上就须在工厂里面睡觉。小李见小王身体实在不适，需要休养，就打电话向有关部门反映了情况。

学法有疑

用人单位强迫员工进行劳动，将会受到怎样的处罚?

法律讲堂

根据《劳动合同法》第八十八条的规定，用人单位以暴力、威胁或者非法限制人身自由的手段强迫劳动的，依法给予行政处罚；构成犯罪的，依法追究刑事责任；给劳动者造成损害的，应当承担赔偿责任。也就是说，如果用人单位强迫劳动者进行劳动，会受到行政机关的行政处罚。如果行为性质恶劣、后果严重的话，还可能构成犯罪，将会受到刑事处罚。

在上述案例中，服装厂为了完成订单，让保安在门口把守，强迫工人工作，不完成一定的工作量就不许下班，这已经违反了劳动合同法的规定，属于以非法限制员工人身自由的手段强迫员工劳动，会受到行政机关的行政处罚，如果性质恶劣，还可能受到刑事处罚。此外，服装厂强迫小李、小王等工人劳动，如果使工人权益遭受到损害，服装厂还应该承担相应赔偿责任。

法律条文

《中华人民共和国劳动合同法》

第八十八条 用人单位有下列情形之一的，依法给予行政处罚；构成犯罪的，依法追究刑事责任；给劳动者造成损害的，应当承担赔偿责任：

（一）以暴力、威胁或者非法限制人身自由的手段强迫劳动的；

（二）违章指挥或者强令冒险作业危及劳动者人身安全的；

（三）侮辱、体罚、殴打、非法搜查或者拘禁劳动者的；

（四）劳动条件恶劣、环境污染严重，给劳动者身心健康造成严重损害的。

劳动者与用人单位签订劳动合同，就应当遵守用人单位的规章制度和人事安排，但是如果用人单位不顾劳动者的身体，强迫劳动者劳动，其劳动合同和行为都已经违反了法律规定，劳动者可以拒绝。

91. 承包人给劳动者造成损害的，由谁承担责任？

案例背景

王某承包了某某公司办公楼的建设工程后，在社会上招聘了几名工人，他明知部分工人未满16岁，还是跟他们签订了以建设完成办公楼为任务的劳动合同，并在合同中约定，工人对自己的安全负责，王某不对施工安全承担责任。一日，工人张某（未满16岁）在搬砖的过程中，不慎被工地现场的障碍物绊倒，导致左手骨折，入院治疗。那么，张某的损失由谁来承担呢？

学法有疑

承包人违反劳动合同法造成劳动者损害的，由谁承担责任？

法律讲堂

《劳动法》第十五条规定："禁止用人单位招用未满十六周岁的未成年人……"《劳动合同法》第二十六条规定，用人单位免除自己的法定责任、排除劳动者权利的，劳动合同无效。也就是说，用人单位不能招聘未满16周岁的未成年人，用人单位不能在劳动合同中约定，免除对劳动者的安全责任。那么，对于承包人违反劳动合同法给劳动者造成损害的，发包的单位有无赔偿责任呢？对此，《劳动合同法》第九十四条规定，个人承包经营违规招用劳动者给劳动者造成损害的，发包的组织与个人承包经营者承担连带赔偿责任。

具体到本案中，王某与张某签订的劳动合同中，免除王某责任的条款为无效条款。由于张某未满16周岁，王某招用张某违反了劳动合同法。对于张某在工作中的损失，应当由公司与王某承担连带赔偿责任。

法律条文

《中华人民共和国劳动法》

第十五条第一款 禁止用人单位招用未满十六周岁的未成年人。

《中华人民共和国劳动合同法》

第二十六条 下列劳动合同无效或者部分无效：

……

（二）用人单位免除自己的法定责任、排除劳动者权利的；

……

第九十四条 个人承包经营违反本法规定招用劳动者，给劳动者造成损害的，发包的组织与个人承包经营者承担连带赔偿责任。

我国法律明确规定用人单位应对劳动者在工作期间的安全负责，即使劳动合同中约定了“劳动者安全自负”，该条款也是无效条款。劳动者因工作原因受到损害后，有权向用人单位索赔。

92. 劳动者拒不执行生效的劳动仲裁裁决，公司能申请强制执行吗?

案例背景

2014年4月，郑先生入职某英语培训公司做老师。由于郑先生讲课风格深受学生喜欢，2016年2月，公司安排郑先生到英国进行了为期半年的专业培训，并签订了5年的服务期合同，约定了违约金。2018年2月，郑先生向公司提出辞职，公司不同意。后公司就这一争议提请了劳动争议仲裁，当地劳动仲裁委员会裁定郑先生可以解除劳动合同，但需要赔偿剩下3年的培训费作为违约金。裁决生效后，郑先生一直拒不支付公司相关培训费用，公司不知道对于这一事项能否向法院申请强制执行。

学法有疑

劳动者拒不执行生效的劳动仲裁裁决，公司能申请强制执行吗？

法律讲堂

强制执行是指法院按照法定程序，运用国家强制力量，根据执行文书的规定，强制民事义务人完成其所承担的义务，以保证权利人的权利得以实现。向人民法院申请强制执行时，申请人必须有具有法律效力的法律文书。根据《劳动争议调解仲裁法》第五十一条的规定，劳动仲裁裁决书就是具有强制执行力的法律文书。

具体到上述案例中，在郑先生与公司的劳动争议中，当地劳动仲裁委员会裁决郑先生赔偿剩下三年的培训费作为违约金，郑先生没有在法定时间内起诉，仲裁裁决书已经发生法律效力，该裁决书具有强制执行效力。如果郑先生一直拒绝履行该生效裁决书确定的赔偿义务，公司可以根据该仲裁裁决书向人民法院申请强制执行。

法律条文

《中华人民共和国劳动法》

第八十三条 劳动争议当事人对仲裁裁决不服的，可以自收到仲裁裁决书之日起十五日内向人民法院提起诉讼。一方当事人在法定期限内不起诉又不履行仲裁裁决的，另一方当事人可以申请人民法院强制执行。

《中华人民共和国劳动争议调解仲裁法》

第五十一条 当事人对发生法律效力的调解书、裁决书，应当依照规定的期限履行。一方当事人逾期不履行的，另一方当事人可以依照民事诉讼法的有关规定向人民法院申请执行。受理申请的人民法院应当依法执行。

在解决劳动争议时，我们不仅可以向当地劳动仲裁委员会申请仲裁解决争议，必要时，还可以向法院申请强制执行，真正实现自己的权利。

93. 劳动仲裁进行过程中，人民法院可以先予执行吗?

案例背景

吴先生是某建筑公司的一名工人。2019年2月，建筑公司以公司资金紧张为由，开始拖欠吴先生的工资。到了2019年8月底，公司仍一直以各种理由拖欠吴先生工资，而吴先生的儿子要上大学，需要交学费了。迫不得已的吴先生向当地劳动仲裁委员会提出申请，要求建筑公司给吴先生结清工资。由于着急用钱，吴先生还向仲裁庭申请了先予执行。那么，如果劳动争议正在劳动仲裁进行过程中，人民法院可以先予执行吗?

学法有疑

劳动争议正在进行劳动仲裁，人民法院可以先予执行吗?

法律讲堂

先予执行，是指人民法院在判决作出之前，为解决当事人生活或生产经营的急需，依法裁定义务人预先履行义务的制度。为了解决劳动争议当事人的生活急需，我国《劳动争议调解仲裁法》第四十四条规定，对于追索劳动报酬、工伤医疗费、经济补偿或者赔偿金的案件，在符合以下条件的情况下，仲裁庭可以根据当事人的申请，裁决移送人民法院先予执行：（1）当事人之间权利义务关系明确；（2）不先予执行将严重影响申请人的生活。

具体到上述案例中，吴先生对于公司拖欠自己工资的行为，向劳动仲裁委员会提起了仲裁申请，由于吴先生和公司的权利义务关系比较明确，而吴先生又着急用钱，不先予执行的话，将严重影响吴先生的生活。因此仲裁庭在了解具体情况的前提下，可以裁决移送人民法院先予执行，吴先生、仲裁庭和法院的做法都是符合法律程序的。

法律条文

《中华人民共和国劳动争议调解仲裁法》

第四十四条 仲裁庭对追索劳动报酬、工伤医疗费、经济补偿或者赔偿金的案件，根据当事人的申请，可以裁决先予执行，移送人民法院执行。

仲裁庭裁决先予执行的，应当符合下列条件：

（一）当事人之间权利义务关系明确；

（二）不先予执行将严重影响申请人的生活。

劳动者申请先予执行的，可以不提供担保。

一句话说法

在追索劳动报酬、工伤医疗费、经济补偿或者赔偿金案件中，如果劳动者急需用钱，在符合条件的情况下，可以向仲裁庭申请先予执行，以解决自己的燃眉之急。

94. 劳动仲裁中，遇到哪些情形时可以申请仲裁员回避？

案例背景

苏先生是某商贸公司的员工。2018年6月，公司以苏先生严重违反规章制度为由，在没有向苏先生支付经济补偿金的情况下，就解除了与苏先生的劳动合同。苏先生认为自己工作时一直规规矩矩，安安分分，公司就是看自己上了年纪，找了个理由开除自己而已，十分不服气。于是，苏先生向当地的劳动争议仲裁委员会申请仲裁。仲裁委员会依法受理后，将仲裁庭的组成情况书面通知苏先生时，苏先生发现仲裁委中的一名仲裁员是公司总经理的弟弟，于是向仲裁委申请该仲裁员回避。

学法有疑

劳动仲裁中，遇到哪些情形时可以申请仲裁员回避？

法律讲堂

为了保证劳动仲裁审理中的公平公正，根据《劳动争议调解仲裁法》第三十三条的规定，如果仲裁员存在下列情形的，可能影响劳动仲裁的公正的，当事人有权以口头或者书面方式提出回避申请：(1)是本案当事人或者当事人、代理人的近亲属的；(2)与本案有利害关系的；(3)与本案当事人、代理人有其他关系，可能影响公正裁决的；(4)私自会见当事人、代理人，或者接受当事人、代理人的请客送礼的。

本案中，在苏先生与公司的劳动仲裁中，一名仲裁员是公司总经理的弟弟，属于仲裁员应当回避中的“仲裁员是本案当事人或者当事人、代理人的近亲属的”情形，可能影响案件的公正裁决，苏先生向仲裁委依法申请仲裁员回避，是积极行使自己的权利的行为，符合法律的规定。

法律条文

《中华人民共和国劳动争议调解仲裁法》

第三十三条 仲裁员有下列情形之一，应当回避，当事人也有权以口头或者书面方式提出回避申请：

（一）是本案当事人或者当事人、代理人的近亲属的；

（二）与本案有利害关系的；

（三）与本案当事人、代理人有其他关系，可能影响公正裁决的；

（四）私自会见当事人、代理人，或者接受当事人、代理人的请客送礼的。

劳动争议仲裁委员会对回避申请应当及时作出决定，并以口头或者书面方式通知当事人。

一句话说法

当员工看到仲裁庭的组成人员通知时，一定要注意了解仲裁员是否存在上述需要回避的情形，若有，一定要积极行使自己的权益，向仲裁委申请回避，以保障仲裁裁决的公正性。

95. 劳动者能否就劳动争议直接向法院起诉?

案例背景

江小姐是某互联网公司的一名程序员。2019 年 5 月，公司得知江小姐怀孕，认为江小姐怀孕后就不能加班，会影响工作效果，遂提出与江小姐解除劳动合同。江小姐很气愤，咨询了自己的一个律师朋友，想直接向法院起诉公司违法解除劳动合同。朋友告诉江小姐，发生劳动争议后，必须先向劳动争议调解委员会申请仲裁，不能直接向法院起诉。

学法有疑

劳动者能否就劳动争议直接向法院起诉?

法律讲堂

根据我国《劳动法》第七十九条、《劳动争议调解仲裁法》第五条的规定，发生劳动争议，当事人不愿协商、协商不成或者达成和解协议后不履行的，可以向调解组织申请调解；不愿调解、调解不成或者达成调解协议后不履行的，可以向劳动争议仲裁委员会申请仲裁；对仲裁裁决不服的，除本法另有规定的外，可以向人民法院提起诉讼。也就是说，对于劳动争议案件，我国采用的是“协商、调解、仲裁、诉讼”的处理机制。协商、调解并非必经程序，但劳动争议仲裁程序是诉讼的前置程序，即当事人只有向劳动争议仲裁委员会申请仲裁后，对仲裁裁决结果不服的，才可以在收到裁决书之日起十五日内向人民法院提起诉讼。

具体到本案中，江小姐对公司以自己怀孕为由解除劳动合同的决定不服，可以与公司协商解决，再向当地的劳动争议仲裁委员会申请仲裁，也可以不经过协商、调解，直接向当地的劳动争议仲裁委员会申请仲裁，但只有经过劳动仲裁程序后，江小姐对仲裁裁决结果不服的，才可以向人民法院提起诉讼，而不能直接向法院提起劳动诉讼。

法律条文

《中华人民共和国劳动法》

第七十九条 劳动争议发生后，当事人可以向本单位劳动争议调解委员会申请调解；调解不成，当事人一方要求仲裁的，可以向劳动争议仲裁委员会申请仲裁。当事人一方也可以直接向劳动争议仲裁委员会申请仲裁。对仲裁裁决不服的，可以向人民法院提起诉讼。

《中华人民共和国劳动争议调解仲裁法》

第五条 发生劳动争议，当事人不愿协商、协商不成或者达成和解协议后不履行的，可以向调解组织申请调解；不愿调解、调解不成或者达成调解协议后不履行的，可以向劳动争议仲裁委员会申请仲裁；对仲裁裁决不服的，除本法另有规定的外，可以向人民法院提起诉讼。

一句话说法

劳动仲裁是申请劳动争议案件的法定前置程序，劳动者或者用人单位没有向当地劳动争议仲裁委员会申请劳动仲裁，直接向法院提起诉讼的，法院将不予受理。

第10章 其他

96. 企业能要求全体员工都签订竞业限制协议吗?

案例背景

某公司是一家大型专门做电子产品研发的企业，公司有许多部门，员工总数多达上千人。2018 年，公司人力资源总监因个人原因离职，于是公司开始招聘新的人力资源管理人员。张某经过层层选拔，成功应聘上了该公司的人力资源总监。张某上班以后，开始审查公司每个人的劳动合同，发现公司与劳动者签订的合同中，无一例外地都有竞业限制条款，不管是技术部的工程师还是车间的一线工人。张某觉得，竞业限制是限制公司关键岗位的劳动者的，没有必要所有的劳动者都签订竞业限制条款。

学法有疑

企业能要求全体员工都签订竞业限制协议吗？

法律讲堂

张某的想法是正确的，公司没有必要与每名劳动者的合同中都约定竞业限制条款。我国《劳动合同法》第二十四条第一款规定："竞业限制的人员限于用人单位的高级管理人员、高级技术人员和其他负有保密义务的人员……"具体来说，可以与用人单位签订竞业限制合同的主体主要包括以下几类人员，用人单位可根据工作岗位的具体职能与之签订不同内容的竞业限制协议：（1）高级管理人员，如总经理、副总经理、厂长、各部门的负责人等高级管理层人员。他们作为用人单位的决策者，往往掌握着用人单位的核心经营秘密。（2）高级技术人员，如用人单位的研究与开发人员。他们有着良好的技术背景和业务能力，多掌握用人单位的技术秘密。（3）掌握特定信息的人员，包括：①了解用人单位的生产计划、进度的市场计划和调度人员；②掌握着用人单位货源、客户名单的市场营销人员；③掌握雇主的财务状况的财务人员；④通过接待、会议记录、管理和散发文件而可能接触到商业秘密的文秘人员；⑤管理重要档案的档案保管人员。

法律条文

《中华人民共和国劳动合同法》

第二十四条第一款 竞业限制的人员限于用人单位的高级管理人员、高级技术人员和其他负有保密义务的人员。竞业限制的范围、地域、期限由用人单位与劳动者约定，竞业限制的约定不得违反法律、法规的规定。

签订竞业限制协议是为了通过限制劳动者的择业权来保护用人单位的商业秘密等利益。该协议的主体应该限定在知悉用人单位商业秘密或者对本单位经营有重大影响的劳动者范围内。企业不能要求没有掌握用人单位商业秘密的普通劳动者签订竞业限制协议，否则就是违反了公平原则，失去了竞业限制的合理性。

97. 同一个派遣期内，可以分多个周期分别订立派遣协议吗？

案例背景

2018年3月1日，某劳务派遣公司与小黄签订了二年的固定期限劳动合同，当年4月1日小黄被派遣到某电子科技公司从事生产任务。该电子科技公司与小黄签订了《劳务派遣人员聘用协议》，协议中约定此次派遣分为3个周期，分别是从2018年4月1日至8月20日、2018年9月10日至2019年1月25日、2019年2月15日至5月1日，小黄不上班期间由劳务派遣公司按照无工作任务时工资标准向小黄支付。上班后小黄在电子科技公司从事安保任务，到了2019年快过春节时，小黄发现他没有得到与其他同事一样的年终奖金。于是，小黄向电子科技公司主张年终奖金，但是公司以小黄按照协议未连续工作满一年为由拒绝了他的请求。

学法有疑

该公司的做法合法吗？

法律讲堂

本案中，该电子科技公司的做法是违法的。根据我国《劳动合同法》第五十九条第二款之规定，用工单位应当根据工作岗位的实际需要与劳务派遣单位确定派遣期限，不得将连续用工期限分割订立数个短期劳务派遣协议。据此可知，将同一个派遣期强制分割为多个派遣期是法律所不允许的。另外，本法第六十二条规定，提供与工作岗位相关的福利待遇是用工单位的一项法定义务，是职工享受同工同酬待遇的具体体现。在本案中，该电子科技公司为了逃避给派遣用工发放年终奖，而故意将连续的用工期限分割成三个周期，这样的做法是违反法律规定的。用工单位应当根据实际工作需要确定派遣期，在同一个派遣期内不允许签订多个派遣协议。

法律条文

《中华人民共和国劳动合同法》

第五十九条 劳务派遣单位派遣劳动者应当与接受以劳务派遣形式用工的单位（以下称用工单位）订立劳务派遣协议。劳务派遣协议应当约定派遣岗位和人员数量、派遣期限、劳动报酬和社会保险费的数额与支付方式以及违反协议的责任。

用工单位应当根据工作岗位的实际需要与劳务派遣单位确定派遣期限，不得将连续用工期限分割订立数个短期劳务派遣协议。

第六十二条 用工单位应当履行下列义务：

（一）执行国家劳动标准，提供相应的劳动条件和劳动保护；

（二）告知被派遣劳动者的工作要求和劳动报酬；

（三）支付加班费、绩效奖金，提供与工作岗位相关的福利待遇；

（四）对在岗被派遣劳动者进行工作岗位所必需的培训；

（五）连续用工的，实行正常的工资调整机制。

用工单位不得将被派遣劳动者再派遣到其他用人单位。

一句话说法

用工单位应当以同等的待遇对待劳务派遣用工和本单位员工，不得以任何方式剥夺劳务派遣用工应当享受的福利待遇。有些用工单位为了节约用人成本，逃避为派遣用工发放奖金等，在订立派遣协议时故意将一个连续的派遣协议分为多个周期设立，这样做是违反法律规定的。劳动者遇此情况的，应懂得依法维权。

98. 劳务派遣公司至少要与劳动者签订几年的劳动合同?

案例背景

Q市某劳务派遣公司欲新雇用一批工作人员为某事业单位提供保洁服务，王大姐是前来应聘保洁员的工作人员之一。双方对彼此的条件都很认可，准备签订劳动合同。但是在正式签订劳动合同时，该劳务派遣公司与王大姐产生了分歧：该劳务派遣公司提供的合同样本上约定双方签订的劳动合同期限是一年，工作满一年之后再续签，而王大姐之前听有过相关经验的姐妹们说，在与劳务派遣公司签订劳动合同时，应当至少签订二年的固定期限劳动合同，故王大姐要求与该劳务派遣公司签订二年的劳动合同。

学法有疑

劳务派遣公司的做法合法吗？劳务派遣公司至少要与劳动者签订几年的劳动合同？

法律讲堂

劳务派遣公司与劳动者签订的协议属于劳动合同的范畴，是一种特殊的劳动合同，二者之间的权利义务关系依然受到劳动合同法的约束和调整。根据我国《劳动合同法》第五十八条的规定，劳务派遣单位应当与被派遣劳动者订立二年以上的固定期限劳动合同，按月支付劳动报酬；被派遣劳动者在无工作期间，劳务派遣单位应当按照所在地人民政府规定的最低工资标准，向其按月支付报酬。由此可以看出，法律强制要求劳务派遣公司至少要与劳动者签订二年的固定期限劳动合同。本案例中，某劳务派遣公司欲与王大姐签订一年期限的劳动合同是违反法律规定的。

法律条文

《中华人民共和国劳动合同法》

第五十八条 劳务派遣单位是本法所称用人单位，应当履行用人单位对劳动者的义务。劳务派遣单位与被派遣劳动者订立的劳动合同，除应当载明本法第十七条规定的事项外，还应当载明被派遣劳动者的用工单位以及派遣期限、工作岗位等情况。

劳务派遣单位应当与被派遣劳动者订立二年以上的固定期限劳动合同，按月支付劳动报酬；被派遣劳动者在无工作期间，劳务派遣单位应当按照所在地人民政府规定的最低工资标准，向其按月支付报酬。

劳务派遣公司与劳动者订立劳动合同，要符合《劳动合同法》的相关规定。其中，劳动合同的期限不得少于两年。如果劳动者遇见劳务派遣公司的劳动合同少于两年的，要敢于指出其中的违法之处。

图书在版编目（CIP）数据

职工法律知识看图一点通/维权帮著．—北京：中国法制出版社，2020.11

（看图学法）

ISBN 978－7－5216－1398－8

Ⅰ.①职… Ⅱ.①维… Ⅲ.①法律－中国－图解 Ⅳ.①D92－64

中国版本图书馆CIP数据核字（2020）第220472号

策划编辑：杨　智（yangzhi19861025@126.com）

责任编辑：吕静云　刘　阳　　　　封面设计：杨泽江

职工法律知识看图一点通

ZHIGONG FALÜ ZHISHI KAN TU YIDIANTONG

著者/维权帮

经销/新华书店

印刷/三河市国英印务有限公司

开本/880毫米×1230毫米　32开　　　　印张/7.5　字数/153千

版次/2020年11月第1版　　　　2020年11月第1次印刷

中国法制出版社出版

书号ISBN 978－7－5216－1398－8　　　　定价：32.80元

北京西单横二条2号

邮政编码100031　　　　传真：010－66031119

网址：http：//www.zgfzs.com　　　　**编辑部电话：010－66054911**

市场营销部电话：010－66033393　　　　**邮购部电话：010－66033288**

（如有印装质量问题，请与本社印务部联系调换。电话：010－66032926）